SAINT REMI

DE REIMS

APOTRE DES FRANCS

— 437-533 —

PAR

ÉTIENNE D'AVENAY.

Ouvrage illustré d'après les tapisseries anciennes
de Saint-Remi, de Reims.

Vive le Christ qui aime les Francs !

— Société de Saint-Augustin, —

DESCLÉE, DE BROUWER & Cⁱᵉ,

— 1896. —

SAINT REMI DE REIMS

APOTRE DES FRANCS.

SAINT REMI.

SAINT REMI

DE REIMS

APOTRE DES FRANCS

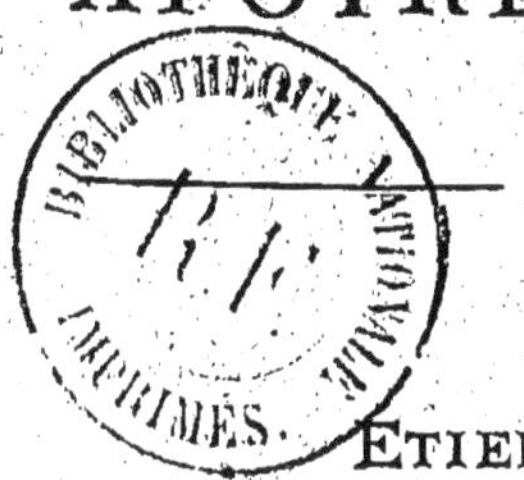

— 437-533 —

PAR

ÉTIENNE D'AVENAY.

Ouvrage illustré d'après les tapisseries anciennes
de Saint-Remi de Reims.

Vive le Christ qui aime les Francs!

— Société de Saint-Augustin, —

DESCLÉE, DE BROUWER & Cie,

— 1896. —

INTRODUCTION.

Vive le Christ qui aime les Francs !

« APPRENEZ, mon fils, disait saint Remi à Clovis, la veille de son baptême, « que le royaume de France « est prédestiné par Dieu à la défense de l'Église romaine, « qui est la seule véritable Église de JÉSUS-CHRIST. Ce « royaume sera un jour grand entre tous les royaumes « de la terre ; il embrassera toutes les limites de l'empire « romain et soumettra tous les autres royaumes à son « sceptre. Il durera jusqu'à la fin des temps. Il sera vic- « torieux et prospère tant qu'il restera fidèle à la foi « romaine, mais il sera rudement châtié toutes les fois « qu'il sera infidèle à sa vocation. »

Ces paroles prophétiques du vieil Apôtre des Francs, de celui que dom Marlot appelle « l'astre brillant de notre église de Reims, le père des rois, l'ange tutélaire de la France », nous revenaient à la mémoire au moment où nous commencions à écrire cette Vie de saint Remi. Oui, quoi qu'elle puisse dire ou faire, la France reste et doit rester ce que Dieu l'a faite. Fille aînée de l'Église, elle trouvera sa force et sa gloire à demeurer étroitement unie à sa mère. Sa destinée providentielle est de mettre au service de la vérité sa vaillance et le prestige de son nom, d'être ici-bas le sergent du Christ et d'accomplir en ce monde les *gestes de Dieu*.

Est-il étonnant que, devant un tel avenir, tout soit merveilleux dans la vie de notre bienheureux Père ? Quand Dieu destine un homme à une grande mission sociale, quand il veut en faire *l'homme de sa droite*, il le comble de tous les dons de la nature et de la grâce. Cette conduite de la Providence ne fut jamais plus sensible que dans la conversion des Francs, « Dieu, suivant

la parole du cardinal Baronius, faisant alors manifeste-
ment connaître, par des prodiges tout à fait extraordinaires, combien il était important que les rois de France et
leurs peuples fussent soumis à la religion de JÉSUS-
CHRIST (1). »

Sans vouloir faire une œuvre d'érudition, voilà ce que
nous voudrions montrer par les faits dans cette Vie de
saint Remi. Appuyé sur les principaux historiens de
notre Saint, Fortunat, Hincmar, Flodoard, et celui qu'on
a appelé le père de l'Histoire de France, Grégoire de
Tours, aussi bien que sur les chroniqueurs et les historiens plus récents, dom Marlot, les Bollandistes, les
Pères R. de Cériziers et J. Dorigny, les travaux de l'Aca-
démie de Reims et le savant historien de *Clovis*, God.
Kurth, nous allons raconter simplement et la naissance
miraculeuse de notre Saint, et son élection au siège de
Reims à l'âge de vingt-deux ans, et son long et prodigieux
épiscopat de soixante-quatorze ans, la conversion et le
baptême de Clovis, les vertus et les miracles de ce grand
thaumaturge des Gaules pendant sa vie et après sa mort,
à ce tombeau glorieux où la France va se retrouver après
quatorze siècles de gloire et de bienfaits.

Convaincu que notre noble patrie a été choisie par Dieu
pour la défense des intérêts du Christ, nous serions heureux de replacer la France en face de ce sublime idéal,
de réveiller en elle la foi en ces grandes destinées et de
faire redire du fond du cœur à tous nos lecteurs ce cri
qui sert de début à la Loi salique :

« VIVE LE CHRIST QUI AIME LES FRANCS ! »

Avenay, 1er mai 1896.

---

1. BARONIUS, ad ann. 499.

SAINT REMI DE REIMS.

CHAPITRE I.

Le christianisme dans la Gaule romaine jusqu'au commencement du Ve siècle. — Saint Nicaise. — Naissance de saint Remi, son enfance, sa jeunesse (437-459).

I.

L'EMPIRE romain chancelait sur ses bases. Ébranlé de tous les côtés par les barbares, il allait s'effondrant le colosse aux pieds d'argile que la Providence de Dieu avait suscité pour donner la paix au monde sous l'empereur Auguste et permettre les victoires pacifiques de son Fils, le Christ-Roi, et la diffusion de l'Évangile (1).

Les empereurs romains, depuis Néron jusqu'à Dioclétien, avaient fait périr des millions de martyrs, mais, selon la belle parole de Tertullien, « le sang des martyrs était une semence de chrétiens ». Le premier empereur catholique, Constantin, avait fait de Byzance sa capitale, laissant Rome au pape saint Sylvestre, et l'un de ses lieutenants à Ravenne pour veiller sur l'Occident.

Dans la Gaule conquise par César, l'apôtre saint Pierre avait envoyé ses disciples prêcher l'Évangile, et, quelle que soit l'opinion des savants sur l'apostolicité des Églises de France, on peut affirmer que plu-

---

1. Un seul trait pour résumer l'état de la société à la venue du Libérateur : le monde antique en était arrivé à la divinisation de tous les vices et de toutes les passions humaines. « Tout était Dieu, excepté Dieu lui-même », dit Bossuet.

sieurs de nos Églises ont été fondées, dès le premier siècle,par les disciples des Apôtres et par des missionnaires envoyés de Rome. Parmi eux se trouvaient saint Sixte et saint Sinice qui ont prêché l'Évangile à Reims, une des métropoles de la Gaule. Ils sont nos premiers apôtres ; et sans vouloir soutenir qu'ils ont fondé immédiatement un diocèse, on peut affirmer qu'ils ont établi dans la cité une Église, l'Église n'étant que la communauté des fidèles, et cette Église a possédé un chef, un surveillant, un évêque, l'essence même de l'organisation catholique. « Après la mort de Domitien, dit Lactance, l'Église étendait ses bras de l'Orient à l'Occident, en sorte qu'il n'y avait aucun coin de la terre où le culte du vrai Dieu n'eût pénétré. »

Si l'histoire ne nous a pas transmis tous les noms des premiers évêques de chacune des Églises de France, en particulier de l'Église de Reims, nous pouvons regretter de ne pas voir ces noms inscrits en tête du véritable nobiliaire de notre nation, mais nous pouvons affirmer avec les plus récents historiens que, pendant les trois premiers siècles, les disciples des Apôtres prêchèrent dans les cités, convertirent les patriciens, les magistrats, les ouvriers, les négociants et créèrent, au prix de mille sacrifices, parfois au prix de leur sang, nos Églises diocésaines. Le rôle de ces premiers apôtres, c'est de jeter les fondements de l'édifice, d'asseoir profondément dans les entrailles de notre sol ces pierres angulaires contre lesquelles les portes de l'enfer se briseront éternellement. Honneur à ces ouvriers de la première heure qui ont frayé le chemin à la civilisation française! Sans eux, la cité allait à la barbarie, et la cité était presque tout le monde romain.

Mais en dehors des remparts protecteurs de la cité attendait la foule des abandonnés, toute cette classe agricole qui n'était rien encore et qui allait surgir à la vie, à la prospérité, sous le souffle fécond de l'égalité chrétienne. Cet enfantement laborieux sera le grand événement social du quatrième siècle, l'œuvre de saint Martin de Tours, de saint Hilaire de Poitiers, de saint Germain d'Auxerre, et, un peu plus tard, de saint Nicaise de Reims et de ses successeurs.

Enfin viendront les convertisseurs de la race franque, sans lesquels peut-être la barbarie et le paganisme eussent repris le dessus, ramenés avec le flot de la marée montante. Ceux-là sont saint Remi, dont la parole conquit à la longue le conquérant de la vieille Gaule et ses guerriers ; saint Vaast, saint Piat, saint Éleuthère, que saint Remi envoya prendre possession d'Arras, de Cambrai, de Tournai, et de toute la région occidentale occupée par les Francs. Ils sont venus les derniers, mais ils ont eu l'honneur d'achever et de consolider l'œuvre de leurs devanciers ; ils ont couronné l'édifice et planté le drapeau sur le faîte ; ils n'ont rien à envier aux autres [1].

Voilà comment la France est née ; car la France ne serait pas sans le catholicisme. « Après avoir respiré dans notre pays dès l'origine et s'être d'abord communiquée à un petit troupeau de fidèles, la foi catholique a régné de bonne heure dans un assez grand nombre de centres diocésains, et, gagnant de proche en proche, elle est parvenue à dominer partout [2]. » De pareilles transformations ne s'opèrent pas en quelques années. Dieu emploie le miracle ; mais il veut que l'homme apporte sa collaboration au miracle, et cette collaboration prend du temps. Plus heureux que certains critiques voudraient nous le faire croire, notre sol a reçu en partie la semence de l'Évangile aux premiers jours

---

1. Cf. LECOY DE LA MARCHE, *Vie de saint Martin.*
2. Lettre des évêques de Gaule à sainte Radegonde.

de sa diffusion ; comme les bergers et les mages, nous avons vu luire des premiers l'étoile du salut. Cette gloire doit suffire à notre légitime orgueil, et c'est avant tout dans le présent, dans la Vie de notre saint Remi, qu'il nous faut chercher les nouvelles conquêtes du christianisme.

II.

Vers la fin du IVe siècle les barbares s'étaient répandus dans la Gaule romaine, et les provinces septentrionales étaient les plus exposées aux ravages et aux misères que causaient ces fréquentes invasions. Trèves, capitale de la première Belgique, fut prise et saccagée plus d'une fois ; Reims, capitale de la seconde, eut le malheur de voir presque tous ses habitants dispersés ou massacrés par les Vandales. Cette puissante ville, comme l'appelle saint Jérôme, avait alors pour évêque saint Nicaise. Dieu lui ayant révélé les malheurs qui allaient fondre sur son peuple, il exhorta les fidèles à la pénitence, afin de détourner de leurs têtes les calamités dont ils étaient menacés. Tout prêt, comme son divin Maître, à donner sa vie pour le troupeau qui lui a été confié, il se réfugie avec une partie du peuple dans l'église dédiée à la bienheureuse Vierge Marie [1] ; et quand les Vandales ont emporté la ville d'assaut, avec un courage intrépide, il s'avance au-devant des barbares, suivi de sa sœur Eutropie, de saint Florent son diacre et du bienheureux Jocond. Tous reçoivent la palme du martyre, mais leur sang est le dernier versé. Comme si la justice de Dieu eût été apaisée par ce sang si pur, un bruit extraordinaire se fit entendre,

---

1. Actuellement la cathédrale de Reims. On voit encore près de la grille du chœur une inscription sur marbre noir qui marque le lieu où le pontife fut massacré au seuil de son temple.

et les Vandales épouvantés s'enfuient en abandonnant cette ville où ils avaient fait tant de martyrs qu'une rue en porte encore le nom, la *rue des Martyrs*, et que saint Remi, dans la suite, y fit bâtir une église pour honorer la mémoire de ces confesseurs de JÉSUS-CHRIST [1].

Ceci se passait en l'an 407, trente ans avant la naissance du glorieux saint Remi.

III.

Au milieu de la forêt des Ardennes, dans la solitude et la retraite, vivait un saint ermite nommé Montan. Privé de la vue, il passait ses jours dans l'exercice habituel du jeûne, des veilles et de l'oraison, se rendant recommandable à Dieu par la pratique de toutes les vertus, et invoquant sans cesse dans ses prières la miséricorde de JÉSUS-CHRIST pour la paix de la sainte Église, qui, dans les provinces des Gaules, était en proie à mille afflictions. La rumeur des invasions barbares qui, comme un torrent dévastateur, ravageaient tout sur leur passage, était parvenue jusqu'à lui. Les païens Huns, Vandales, Suèves et Francs avaient envahi le nord de la Gaule, les Burgondes s'étaient répandus dans l'est, et les Visigoths ariens, plus redoutables encore pour l'Église de JÉSUS-CHRIST, régnaient en maîtres dans tout le midi. Quelle grande

---

1. On rapporte, dit Flodoard, que c'est dans cette église que saint Remi faisait son séjour presque habituel, afin d'être corporellement aussi près des saints martyrs qu'il l'était toujours par la pensée. On montre encore près de l'autel une petite chapelle où il avait coutume de prier en secret, et de présenter loin du bruit du monde, à Celui qui voit tout, l'offrande de la plus sainte méditation. Ce fut là que remplissant un jour ce pieux devoir, il apprit l'incendie de la ville. Aussitôt il se hâta d'accourir en invoquant le Seigneur, et encouragé par le suffrage des saints, il laissa l'empreinte de ses pas sur les marches de l'église. (FLODOARD, *Histoire de l'Église de Reims*, tome Ier, chap. 6.)

pitié tous ces maux n'inspiraient-ils pas à ce saint solitaire, et quelles ferventes prières il adressait chaque jour au Seigneur pour qu'il lui plût d'épargner le peuple fidèle !

Une nuit, cédant à la fragilité de la chair, il s'abandonne au sommeil pour réparer ses forces. Tout à coup il se crut transporté au milieu du chœur des Anges, et dans le séjour des âmes bienheureuses. Il lui sembla qu'il assistait à leurs entretiens, et qu'il les entendait discuter sur la ruine ou le rétablissement de l'Église des Gaules, et déclarer qu'il était temps de prendre en pitié ce malheureux pays. Il entend en même temps une voix pleine de douceur sortir d'une région plus élevée : elle fait retentir ces paroles du Roi-Prophète : « Du haut de son sanctuaire le Seigneur a regardé ; « des hauteurs du ciel il a jeté les yeux sur la terre « pour entendre les gémissements des captifs, pour dé- « livrer les enfants de ceux qui ont été mis à mort, pour « que son nom soit annoncé parmi les nations, quand « les rois et les peuples se réuniront pour servir le Sei- « gneur (1). »

Et la voix ajouta : « Allez dans la ville de Laon, et « vous annoncerez à Cilinie qu'elle mettra au monde « un fils qui sera nommé Remi, car c'est à lui que j'ai « confié le salut de mon peuple. Et pour preuve de la « vérité de votre mission, vous recouvrerez la vue (2).» Comme le saint ermite faisait observer au Seigneur que Cilinie était fort avancée en âge, Dieu par trois fois lui réitéra l'ordre d'aller la trouver pour lui manifester la volonté de la Providence.

Cilinie était l'épouse du comte Emilius qui, issu d'une des plus nobles familles gallo-romaines, gouvernait pour les Romains l'*oppidum* ou citadelle de Laon.

---

1. Psaume CI, 20 et seq.

2. Cf. FLODOARD, *Histoire de l'Église de Reims*, tome 1er, chap. 7.

L'ermite Montan
recouvre miraculeusement la vue sous la main de S. Remi enfant.
(D'après les tapisseries anciennes de Saint-Remi de Reims.)

Saint Remi.

Sidoine Apollinaire, évêque de Clermont, fait le plus grand éloge de la vertu de ce seigneur, et son nom est inscrit au nombre des saints dont l'Église de Laon fait la fête (¹). Les deux saints époux avaient eu long-temps auparavant deux fils, l'un nommé Principe, qui fut dans la suite évêque de Soissons, et un autre dont le nom ne nous est point parvenu, qui fut père de saint Loup, successeur de Principe sur le même siège épis-copal, et vécut jusqu'après la mort de saint Remi (²).

Saint Montan vint donc porter à Cilinie, la noble et sainte épouse d'Emilius, le message dont le ciel l'avait chargé, et l'événement confirma la confiance de nos saints personnages: Cilinie eut un fils, et Montan recou-vra subitement la vue sous la main de l'enfant. Le premier soin de ses parents, écrit un pieux historien de saint Remi, fut de le faire baptiser, de crainte que celui qui venait au monde pour faire les autres chrétiens, ne courût hasard d'en sortir avant que de l'être (³).

« Ainsi naquit le grand et miraculeux saint Remi, l'ange précurseur de la paix en ce royaume, et le pre-mier catéchiste de nos rois. Le lieu de sa naissance fut un village au pays Laonnais, nommé Cerny, suivant quelques auteurs, bien que d'autres soient d'avis qu'il naquit à Laurigny ou Lavergny, près de Laon, où sainte Cilinie fut enterrée (⁴). »

Comme nous venons de le voir, tout est plein de mer-veilles dans la naissance de notre saint. Annoncé à l'avance, issu de parents très nobles et de grande répu-tation, plus recommandables encore par leurs vertus

---

1. Dom Marlot, *Histoire de la ville, cité et université de Reims*, liv. V, chap. 1.

2. Il mourut vers 546.

3. René de Ceriziers, S. J. *Les heureux commencements de la France chrétienne sous l'apôtre de nos rois saint Remi*, liv. I, chap. 2, p. 21.

4. Dom Marlot, *Histoire de la ville, cité et université de Reims*, liv. V, chap. 1.

et leur sainteté, appelé d'un nom qui « semble avoir été inventé pour mieux exprimer l'effet de ses mérites (1), » faisant des miracles à peine né, il ne verra que des saints autour de sa personne, son père et sa mère, son frère saint Principe, ses neveux saints Génebaud et Agricole, son fils d'adoption saint Arnoul, saint Celsin, son frère de lait, et la bienheureuse Balsamie, sa nourrice. Ses disciples aussi seront des saints, Gibrien, Thierry, Trésain, Aumont, et un grand nombre d'autres dont nous parlerons plus tard. Aussi quoi d'étonnant que le pape saint Léon IX, au jour de la translation des reliques de l'Apôtre des Francs, ait prononcé ces paroles insérées en l'office que récitait autrefois l'Église de Reims : « Celui-ci (saint Remi) est un des « plus élevés parmi les habitants des cieux, car la main « du Seigneur l'a consacré dès le sein de sa mère (2). »

IV.

« Envoyé par ses parents aux écoles pour y apprendre les belles-lettres, saint Remi surpassa bientôt en science non seulement ceux de son âge, mais encore ceux d'un âge plus avancé. Supérieur à tous ses condisciples par la gravité de ses mœurs et la douceur de sa charité, il s'attachait à fuir le bruit de la foule et à servir le Seigneur dans la solitude et la retraite. Ses vœux s'accomplirent : le pieux jeune homme se livra dans la retraite aux exercices de la piété et s'enrôla à Laon dans la milice du Seigneur (3). »

---

1. « Remi, dit dom Marlot, vient du mot latin *Remus*, qui nous fait entendre comment, par l'adresse de sa doctrine, il devait conduire la barque de notre Église à travers les flots ondoyants de cette vie pour la faire surgir en un port assuré : ou de *Remedius*, comme si ses ferventes prières avaient servi de lénitif et de salutaire remède aux faiblesses dont les Gaules étaient atteintes pendant la crise de l'Empire romain. »

2. *Iste est de sublimibus cælorum præpotentibus unus, quem manus Domini consecravit matris in visceribus.*

3. FLODOARD, *Histoire de l'Église de Reims*, tome Ier, chap. 10.

Tel est le récit abrégé de Flodoard sur l'enfance et la jeunesse de saint Remi jusqu'à son élection à l'épiscopat. Mais si nous nous rappelons les prodiges qui accompagnèrent sa naissance et la haute destinée à laquelle le réservait le Seigneur, nous pouvons facilement nous imaginer ce que fut notre Saint jusqu'à l'âge de vingt-deux ans. L'enfant doit préparer l'homme, ses qualités comme ses défauts annoncent ce que sera pour lui l'avenir.

Même pendant les invasions des Barbares, les écoles demeuraient florissantes, et l'Église, sans trêve ni relâche, entreprit l'éducation de ces peuples dépourvus de toute culture intellectuelle. Les évêques, usant de toute leur influence, travaillèrent avec un grand zèle à la réforme du peuple chrétien et à la civilisation des nouveaux venus. Ils n'ignoraient pas que l'enfance et la jeunesse doivent être formées aux bonnes mœurs et aux belles-lettres ; aussi avaient-ils établi dans les cités des écoles épiscopales. Hommes de labeur et de science, ils mettaient à profit les débris des anciennes écoles civiles et les obligeaient de payer à l'Évangile le tribut de tout le savoir antique. Les écoles épiscopales n'étaient pas les seules : d'autres, également dirigées par des ecclésiastiques ou des moines, existaient sur divers points du diocèse de Reims. Comme il n'y avait pas encore d'évêque à Laon, nous verrons plus tard saint Remi ériger ce siège et y installer comme premier pasteur son neveu saint Génebaud ; et ce fut probablement dans une de ces écoles de la ville dont son père était le gouverneur que fut instruit saint Remi.

Il n'avait pas encore atteint l'âge de six ans, nous disent ses historiens, que son père, remarquant en lui les caractères d'un bon esprit, résolut de l'appliquer aux études. Tour à tour il étudia la grammaire, la poésie, l'éloquence et toutes les sciences sacrées, et il le fit avec tant de fruit que, selon le Vénérable Bède et Sidoine Apollinaire, il subjuguait tout le monde par le charme de sa diction et la solidité de sa doctrine. En peu d'années, rapporte Hincmar, il surmonta, par une incomparable vivacité d'esprit, non seulement ses égaux, mais encore ceux qui avaient vieilli dans les lettres.

Dix années avaient suffi à Remi pour recueillir ce qu'il y a de meilleur dans les sciences humaines. Persuadé, à l'exemple des plus grands saints, que la solitude est la patrie des forts, il résolut, à l'âge de seize ans, de se retirer du monde pour s'adonner à l'oraison et à l'étude de la sainte Écriture. Dans la prière et la méditation il amasserait des provisions de savoir et d'énergie pour l'avenir. Il vivra donc six ans solitaire, dans cette ville de Laon fortifiée par la nature et à l'abri des déprédations des barbares, dans cette petite retraite, comme l'appelle Hincmar, qu'on voyait encore au IXe siècle. C'est là que Dieu le prendra, pour l'élever, malgré sa jeunesse, sur le siège épiscopal de Reims.

I.

L'ÉVÊQUE de Reims, Bennade ou Bennage, venait de mourir. Qui lui succéderait dans ces temps difficiles ? Qui prendrait sur ses épaules cette lourde charge de l'épiscopat ?

A l'origine, les évêques étaient pris parmi les personnages influents de la cité qu'ils avaient à gouverner : jusqu'après Grégoire de Tours, ils se recrutèrent dans le patriciat gallo-romain, ou bien dans les monastères fondés pour servir de pépinière au clergé ; c'est à peine si l'on voit les Francs fournir des prélats à l'Église avant l'époque où les deux races sont fusionnées et deviennent difficiles à distinguer. Quoique parfois on élût des moines non encore ordonnés, ou même de simples laïques d'un rang éminent et d'une vertu consommée, la règle générale était de prendre les évêques parmi les prêtres ou les diacres.

Comment se faisait le choix de l'évêque ? Dans les premiers siècles de l'Église, la communauté chrétienne tout entière avait pris part à l'élection ; c'était dans son sein, par elle ou devant elle, qu'était choisi l'évêque ; le chef de l'Église était bien son élu. Au IVe siècle eut lieu un premier changement. L'union de l'Église et de la cité, l'influence du régime gallo-romain sur la société chrétienne, la création des monastères et des paroisses, constituèrent un corps électoral très différent par ses mœurs et sa composition, de l'ancienne communauté. L'assemblée ne se composa plus que des clercs, des

membres de l'aristocratie sénatoriale, des hommes influents de la classe moyenne, de la population urbaine.
Cependant l'ancienne règle du consentement unanime
fut maintenue. Les canons et les capitulaires font
toujours de l'élection l'œuvre de tous ; en théorie, c'est
encore l'Église qui choisit son chef, et tous ses membres sont présents ou représentés.

Mais cette élection n'est qu'un consentement ; elle
choisit la personne, elle ne confère pas l'autorité. Les
électeurs ne sont pas souverains. Leur choix est con-
trôlé, leur élu examiné par les évêques. En réalité,
leur suffrage n'est guère qu'une consultation. Tantôt la
communauté choisit, tantôt elle approuve un choix
antérieur, commandé par l'intérêt de la société chrétienne. Ici, les fidèles présentent un candidat aux
évêques ; là, les évêques font acclamer leur élu par les
fidèles. L'Église exigeait seulement que la communauté
se prononçât ; elle ne croyait pas nécessaire qu'elle fît
connaître la première sa volonté. Il ne faut pas non
plus chercher dans ce suffrage religieux les deux idées
fondamentales de notre suffrage universel : l'équivalence
des votes et le droit des majorités. A l'Église, on vote
par groupes et non par tête. Prêtres urbains, clercs
ruraux, moines, propriétaires et notables, hommes du
peuple ne sont pas confondus. Ce ne sont pas les individus, mais bien les intérêts qui sont représentés. On
se prononce à son rang, à haute voix. Il n'y a ni bulle-
tin de vote ni scrutin, mais seulement des opinions
exprimées, et c'est l'ensemble de ces opinions qui
forme le consentement de tous. En outre, dans l'assemblée, la même valeur ne s'attache pas à l'opinion de
chaque groupe, ni dans chaque groupe, au suffrage de
chaque individu. Le rang, le mérite, les services rendus
servent de mesure à l'influence. Le suffrage d'un clerc
a plus de poids que celui d'un laïque, celui du dévot

SACRE DE S. REMI.
(D'après les tapisseries anciennes de Saint-Remi de Reims.)

que celui du mondain, celui du grand que celui de l'artisan ou du simple homme libre. Le peuple n'a guère qu'un droit d'acclamation. Ainsi, la majorité n'est jamais bien sûre d'imposer son opinion. On s'attache moins au vœu des foules qu'à l'opinion des gens éclairés. L'Église a toujours opposé au droit du nombre celui du *meilleur parti* ([1]).

Voilà certes un suffrage universel bien raisonné et bien amendé.

Ces explications données, revenons à l'élection du successeur de Bennade. Le clergé et le peuple s'assemblent pour faire choix de la personne qui pourra le plus dignement remplir sa charge. Il y a là devant la porte de l'église non seulement les prêtres de la ville, mais tous ceux du diocèse : Remi a quitté sa solitude pour prendre part à l'élection.

Qui sera choisi ? Dieu, qui tient dans sa main le cœur et la volonté des hommes, Dieu, qui a marqué le front de Remi du sceau de la grandeur et de la sainteté, va continuer le miracle de sa naissance. Comme saint Ambroise à Milan, comme saint Martin à Tours, Remi sera élu par inspiration. La réputation de sa bonne vie et de ses vertus s'est tellement répandue dans toute la province qu'elle sert de flambeau pour le découvrir. Tous, clercs, nobles et peuple, s'écrient d'une voix unanime : « Remi évêque ! » Que fera le saint jeune homme en présence de cette acclamation universelle « qu'il est l'homme de Dieu, que c'est lui qu'il faut mettre à la tête des peuples ([2]) » ? C'est en vain qu'il allègue sa jeunesse, son peu de mérite, son amour pour la solitude ; c'est en vain qu'avec une éloquence communicative il rappelle que, dans ces temps troublés

---

1. Cf. LECOY DE LA MARCHE, *La Fondation de la France*, chap. II, § 4, citant M. Imbart de la Tour dans son remarquable travail sur les *Élections épiscopales dans l'Église de France*, préface, pp. IX, XII.

2. FLODOARD, *Histoire de l'Église de Reims*, tome Ier, chap. II.

par les guerres et les hérésies, ils doivent choisir un
homme rempli de vertu et d'expérience, que du reste
les constitutions de l'Église ne permettent pas d'appeler à la prélature une personne de son âge : tout est
inutile. Plus il cherche à cacher son mérite, plus ce
mérite éclate aux yeux de tous, il sera leur évêque et
leur père, malgré ses larmes et la force de ses paroles.
La voix du peuple est bien la voix de Dieu ; car, nous
disent les historiens, on rapporte que l'église fut inon-
dée tout à coup de lumière et que le visage de Remi
parut environné d'une clarté si brillante qu'à peine on
pouvait le regarder. « Ce prodige, ajoute dom Marlot,
fut encore suivi d'un plus admirable : car ce rayon de
clarté demeurant immobile sur la face de saint Remi,
on aperçut une huile sacrée répandue sur sa tête et qui
dégouttait de ses cheveux (¹). »

Les évêques qui assistaient à l'élection reconnurent
la volonté de Dieu, et saint Remi lui-même se soumit.
Il reçut la crosse en signe de juridiction, et monta ainsi
à vingt-deux ans sur un des plus illustres sièges de
l'Église des Gaules dont il devait être comme le second
fondateur.

II.

Les historiens se sont plu à nous donner le portrait
physique et moral du saint évêque de Reims. Il était
grand de corps, disent-ils, comme de sept pieds de
hauteur, ayant le front quelque peu austère, le nez
aquilin, les cheveux blonds, la barbe assez longue et la
démarche grave. Son port était tellement rempli de
majesté que l'ombre seule de ses habits faisait trembler
le vice ; mais il savait si bien modérer ses plus vifs
reproches qu'on y trouvait plus de douceur que de

---

1 DOM MARLOT, *Histoire de la ville, cité et université de Reims*, liv.
V, chap. 3.

sévérité. Plein de bonté pour les petits et les pauvres, son accès était facile à tous. Tous ses soins ne tendaient qu'à bannir les vices de son diocèse, afin d'implanter la vertu dans les cœurs et, en maintenant les décisions des conciles, de réparer les ruines des Églises survenues pendant les guerres des Huns sous Attila. Pour y arriver, il faisait de continuelles visites dans les paroisses de la campagne, exposant les principes de la foi au simple peuple, dont le salut ne lui était pas moins cher que celui des nobles et des magistrats (1). Modèle de ses prêtres, il les exhortait à vivre selon les règles canoniques, à élever vers Dieu leurs esprits et leurs cœurs, afin de toujours s'acquitter dignement de leurs charges. Il servait d'exemple à tous, au clergé comme à tout le peuple.

III.

La sainteté de la vie de saint Remi touchait les cœurs, non seulement des êtres raisonnables, mais encore des animaux dépourvus de raison. Hincmar rapporte que ce saint prélat voulant se divertir avec ses amis, les passereaux venaient à lui pendant son dîner et recevaient la nourriture de ses mains sans aucune crainte (2).

Un jour qu'il faisait la visite des paroisses de son diocèse, il rencontra à Chaumuzy (3) un aveugle possédé du démon. L'infortuné lui demanda l'aumône. Touché de pitié à la vue de ce malheureux, saint Remi

---

1. C'est dans une de ses visites à la campagne, à Ville-en-Selve, près d'Avenay, qu'il découvrit les éminentes vertus d'un humble gardien de pourceaux. L'Irlandais Trésain, accusé par les habitants d'Ay et invité à se défendre du crime qui lui était imputé, fit une telle impression sur le saint évêque, que celui-ci le confia à l'évêque de Laon, saint Génebaud, qui l'instruisit et l'ordonna prêtre.

2. Cf. Dom Marlot, *Histoire de la ville, cité et université de Reims*, liv. V, chap. 4.

3. Chaumuzy, village de l'arrondissement de Reims.

se prosterne à terre et prie quelque temps le Seigneur en poussant de profonds soupirs; puis il se relève, s'approche de l'aveugle, et, lui rendant la vue, il chasse le malin esprit et ne laisse partir le pauvre qu'après lui avoir remis une abondante aumône.

Une autre fois que, dans sa sollicitude épiscopale, il parcourait son diocèse, il se rendit, sur la prière de sa cousine nommée Celsa, vierge consacrée à Dieu, au village de Sault (¹) qu'elle habitait. Pendant que le Saint s'entretenait avec sa cousine de choses édifiantes, l'intendant de Celsa vint lui dire qu'il n'y avait plus de vin dans la maison. A ces mots, saint Remi la voyant affligée, la consola, et la pria de lui montrer les différentes parties de sa demeure. Après avoir parcouru diverses pièces, il arrive au cellier, le fait ouvrir et demande s'il reste encore un peu de vin dans quelque tonneau. On lui en montre un dans lequel il en restait encore quelques gouttes. Saint Remi ordonne au cellérier de fermer la porte, puis s'approchant du tonneau, il fait dessus le signe de la croix, et se mettant à genoux près de la muraille, il adresse au Ciel une fervente prière. Au même instant, ô prodige! le vin sort par la bonde et se répand à grands flots sur le pavé. A cette vue, le cellérier crie au miracle, mais le saint homme lui impose silence et lui défend d'en parler. Néanmoins il ne fut pas possible de tenir caché un prodige si éclatant. Dès que Celsa en eut connaissance, elle donna à perpétuité sa terre de Sault à saint Remi et à son église, et elle confirma ce don par un acte authentique.

Nous aurons l'occasion, dans un autre chapitre, de parler d'autres miracles plus extraordinaires encore obtenus par les prières de saint Remi, tels que la résur-

---

1. Peut-être Sault-Saint-Remi, à cinq lieues environ de Reims, ou Sault-lès-Rethel, dans l'arrondissement de Rethel.

rection de la jeune fille de Toulouse, et l'extinction du violent incendie qui faillit détruire la ville de Reims. « Tous ces prodiges, nous dit dom Marlot, faits à la vue d'une infinité de personnes qui abordaient en notre ville, le firent admirer comme une divinité sur la terre, et portèrent sa réputation en un si haut point par toute l'Europe, que les princes païens et hérétiques l'honoraient, et que la reine Clotilde le préféra aux autres évêques de la France et de la Germanie, pour retirer le peuple franc et leur roi des superstitions du paganisme (¹). »

IV.

Que dire de l'éloquence et de la sublime doctrine de saint Remi? Puisque le temps a détruit à peu près tous les écrits de notre Saint, à l'exception de deux lettres et de son *Testament* dont nous parlerons plus loin, demandons à ses contemporains et à ceux qui sont venus peu de temps après, ce qu'ils pensaient de cette science qui est, d'après un ancien, le vrai caractère des évêques. Plus tard, en disant quelques mots des disciples du grand évêque, nous verrons rayonner en eux tout l'éclat des vertus et des mérites de leur illustre maître.

La vraie sagesse se reconnaît à ses œuvres comme l'arbre à ses fruits, dit Flodoard dans son *Histoire de l'Église de Reims* (²): ainsi la science, la sagesse et la sainteté de notre saint prélat sont attestées par ses œuvres. Elles sont attestées par la nation des Francs qu'il a convertie à la foi chrétienne et qu'il a consacrée par la sanctification du baptême, par une multitude d'actions et de prédications pleines de sagesse; enfin

---

1. Dom Marlot, *Histoire de la ville, cité et université de Reims*, liv. V, chap. 5.
2. Flodoard, *Histoire de l'Église de Reims*, tome Iᵉʳ, chap. 12.

par divers personnages contemporains, entr'autres par Sidoine Apollinaire, évêque de Clermont, homme très savant, aussi illustre par sa naissance que par sa piété et son éloquence.

Un clerc de son pays, étant passé par Reims, avait obtenu du secrétaire de saint Remi un manuscrit fort volumineux de ses sermons et en avait fait présent à l'évêque de Clermont. « Aussitôt, dit Sidoine dans une lettre écrite à notre Saint, tous les hommes studieux et moi, avides de lire ces ouvrages, nous nous sommes mis à en apprendre la plupart de mémoire et à les transcrire tous. En effet, il y a peu d'auteurs, ou pour mieux dire, il n'y en a point qui sachent, même à force de travail, ainsi disposer un sujet, et mettre dans l'arrangement des mots et des phrases autant de symétrie : ajoutez à cela le choix des exemples, l'authenticité des témoignages, la propriété des épithètes, la grâce des figures, la force des arguments, le mouvement des passions et la vigueur foudroyante des conclusions. La phrase est forte et nerveuse, les propositions sont enchaînées entre elles par d'élégantes transitions. Le style coulant, doux, est toujours limpide et facile.... En un mot, il n'existe pas de notre temps un orateur que votre habileté ne surpasse sans peine et ne laisse bien loin derrière vous. »

Sans doute dans ce curieux document, où s'épanche le style prétentieux et maniéré de l'époque, Sidoine relève avec une précision quelque peu pédantesque les principaux mérites de la rhétorique de décadence dont il faisait honneur à son vénérable correspondant. Mais Remi dépasse de toute la tête les lettrés qui le saluaient comme une de leurs gloires. Élevé à leur école, il s'inspirait d'autres sources et il avait des préoccupations plus hautes. Ce puissant ouvrier de Dieu se souciait peu de cette gloire littéraire qui faisait battre le cœur de Sidoine, et c'est dans son généreux dédain pour les vanités d'une civilisation mourante qu'éclate son incontestable grandeur. Il faut comparer ces deux évêques pour avoir une idée de la différence qui existait entre les hommes de l'avenir et ceux du passé : ceux-ci, s'attardant aux jeux frivoles d'une littérature usée, ne se résignaient ni à la disparition d'une civilisation sans laquelle ils ne pouvaient vivre, ni à l'arrivée de ces barbares chez lesquels tout leur répugnait, la taille, la langue et même l'odeur ; ceux-là, oubliant qu'ils sont des Romains, des nobles, des lettrés, courent à cette plèbe barbare qui arrive, qui va avoir le sceptre du monde, et qui tiendra dans ses mains les destinées de l'Église catholique. Il ne fallait que du talent pour être un Sidoine ; il fallait du génie pour être un Remi. Ce génie, à vrai dire, c'était le génie de la sainteté (¹).

Grégoire de Tours confirme ces éloges et dit que saint Remi était d'une science admirable et tout à fait habile dans l'art de bien dire ; l'archevêque Hincmar le dépeint comme un docteur très sublime, vers lequel on venait de bien loin pour recevoir la science qui coulait de ses lèvres ; le vénérable Bède le met au nombre des principaux Pères de l'Église de France, et le Bréviaire romain met le comble à cette louange en disant qu'il a laissé des livres entiers, où il a éclairci les passages les plus obscurs de la sainte Écriture et réfuté l'hérésie des ariens contre la divinité de JÉSUS-CHRIST.

Faut-il nous en étonner, puisque saint Remi était destiné par Dieu à devenir l'apôtre des Francs, le prédicateur des barbares et le défenseur de la foi contre l'hérésie arienne, plus à redouter que la barbarie elle-même? Ne devait-il pas briller par sa doctrine au firmament

---

1. GOD. KURTH, *Clovis*, p. 302.

de l'Église comme les Grégoire, les Hilaire, les Augustin, celui qui dans son palais avait autour de sa personne tant de clercs et de religieux auxquels il exposait les plus hauts mystères de notre foi, saint Loup, évêque de Soissons, saint Vaast, évêque d'Arras, les saints Génebaud de Laon, Médard de Noyon, Aumont de Thérouanne, Viniau de Saintes, l'archidiacre Ursus, Benoît, Euloge, Agricole, Celsin et tant d'autres dont nous parlerons dans la suite? On l'appelait pour assister aux conciles et les présider, à cause de l'éminence de sa doctrine et de sa rare éloquence, et nous aurons encore plus d'une fois l'occasion de montrer, dans la suite de cette histoire, qu'il fut l'homme suscité de Dieu pour fonder la France chrétienne, cette glorieuse nation qui, malgré ses fautes, a mérité et mérite encore le beau titre de *Fille aînée de l'Église.*

<h2 style="text-align:center">V.</h2>

« On l'a dit et redit : notre patrie a été façonnée par la main de ses premiers pontifes comme un rayon de miel pétri dans la ruche par un essaim d'abeilles laborieuses (1). » Les évêques, réunis en concile, combattaient tous les désordres d'une manière énergique, protégeaient les petits et les faibles contre les attentats des puissants. Quoi d'étonnant, après cela, que le peuple, se sentant protégé par l'Église, se soit jeté avec bonheur dans ses bras, ait accepté ce joug si doux qui le déchargeait au lieu de l'accabler? Si l'histoire des nombreux conciles, si leurs instructions et leurs canons demeurent pour nous prouver cette vérité, le rôle de l'évêque isolé n'était pas moins grand à cette

---

1. Lecoy de la Marche, *La Fondation de la France*, chap. III : « Les insignes capitaines des milices chrétiennes, dit la *Vie de saint Ouen*, se réunissaient journellement comme des abeilles assidues autour d'une ruche. *Confluebant quotidie velut ad alvearia apes assiduæ, insignes christianæ ductores militiæ.* »

époque ; et pour bien mettre en lumière l'action sociale de saint Remi, avant de continuer le récit des faits, il nous faut le montrer comme le défenseur de la cité, *defensor civitatis*.

L'évêque est alors une puissance religieuse et civile tout à la fois. Il a hérité, moralement du moins, pour le bonheur des populations exposées à tant de fléaux extérieurs et intérieurs, des attributions des derniers magistrats romains, disparus dans la tourmente des invasions ; il ne s'est pas emparé de leur pouvoir, comme le dit un historien sans grande valeur, il l'a ramassé par terre. De toute l'administration romaine, il ne restait qu'un dignitaire aux fonctions assez mal définies, et dont le nom seul trahit à quelles tristes nécessités sociales son institution répondait : le *defensor civitatis*, le défenseur de la cité. Institués en 365 par Valentinien en prévision de l'anarchie et de l'invasion générale qui s'annonçaient, ces *défenseurs* ne défendirent rien. Aussi, quand tout s'écroula autour d'eux, les chefs des églises armés de leur juridiction spirituelle à laquelle Constantin avait ajouté la juridiction temporelle, apparurent avec une autorité matérielle considérable. Le peuple vint à eux, s'abrita sous leur tutelle et en fit en beaucoup de cités les *defensores civitatis;* et lorsque cette fondation ne leur fut pas dévolue officiellement, ils en exercèrent de plein droit les prérogatives et les charges. Ainsi le prestige du sacerdoce et celui de la race, l'institution légale et le suffrage populaire, tout se réunissait pour leur conférer le gouvernement local, et comme il n'y avait plus de gouvernement central, ils étaient à peu près tout. « La réunion des deux magistratures devint si ordinaire, que dans les derniers temps de l'empire, la loi (ou l'usage) finit par supprimer le titre de *défenseur* comme inutile. L'institution de Valentinien n'avait eu qu'un résultat, celui de transmettre aux évêques le patronage administratif des cités (¹). » On est donc strictement dans le vrai en disant que « le chef respecté de l'Église était le chef accepté du peuple (²) ».

Ainsi agrandie et sanctifiée, comment va s'exercer cette belle magistrature du *défenseur de la cité?* Quelle conduite va tenir l'évêque, investi de la redoutable puissance que donne la réunion des fonctions spirituelles et des fonctions temporelles ? Quand cette réunion s'opère dans ses mains, on touche déjà au moment des grandes invasions ; c'est contre l'ennemi du dehors qu'il va surtout falloir lutter. Eh bien ! plaçons-nous dans une de ces vieilles cités romaines menacées par les hordes barbares et abandonnées à leur impuissance par un empereur plus impuissant encore. Voici une bande sanguinaire de Vandales ou de Huns, voici un chef impitoyable qui arrive aux portes de la ville, semant partout l'incendie et la mort. La ville est sans armes, sans garnison, sans défense : tous les cœurs sont glacés d'épouvante. Mais l'évêque paraît : il parle de Dieu, il fait mettre en prière tout ce peuple effrayé, les mains levées au ciel, comme autrefois Moïse durant le combat. Puis il se revêt de ses magnifiques habits pontificaux et se met en marche avec quelques jeunes clercs. Où va-t-il? Suivons-le du regard ; il sort hardiment des remparts, il va droit à l'envahisseur. Ses avant-courriers sont massacrés : n'importe, il avance encore. Arrivé devant le roi barbare, il lui demande avec autorité qui il est, de quel droit il ravage la terre. Interdit, stupéfait à la vue de ce vieillard imposant, qui n'a peur de rien, le roi s'arrête court ; il balbutie, il proteste qu'il ne veut faire aucun mal à la ville. Bientôt, en effet, il s'éloigne. Nous nous

---

1. DARESTE, *Histoire de France*, I, 144.
2. MIGNET, *Journal des Savants*, fév. 1885, p. 77.

demandons anxieusement s'il ne va pas revenir. Non, tout est fini, l'orage est écarté et va fondre sur un autre pays.

Voici le fait historique. L'évêque saint Loup, en l'an 451, arrête Attila, le fléau de Dieu, qui s'apprête à détruire la ville de Troyes ; saint Aignan, l'évêque d'Orléans, fait le même miracle pour sa ville épiscopale, et, quelques années auparavant, l'évêque de Reims, saint Nicaise, a donné sa vie pour son troupeau. Sa mort glorieuse a été le salut et la rançon des habitants de la métropole des Gaules. Tous ces évêques n'ont-ils pas été, dans toute la force du terme, les *défenseurs de la cité* (1) ?

Mais les temps marchent. Ce ne sont plus des hordes passagères qui s'avancent dans le seul but de piller et de ravager ; ce sont les tribus franques qui viennent conquérir peu à peu le sol gaulois pour y fonder un établissement durable. La situation est changée : le rôle de l'épiscopat va changer aussi. Les évêques ne conserveront plus le gouvernement civil ; ils continueront à régner sur les âmes et à protéger leurs cités, mais ils voudront un chef politique, un roi chrétien, et tout en se réservant de le diriger moralement, de le contenir, de le civiliser, ils se débarrasseront du soin de l'administration temporelle. On leur a fait un crime d'avoir favorisé l'avènement de Clovis, d'avoir appelé quelquefois de leurs vœux, avec la grande majorité des populations, l'arrivée du conquérant germain. Valait-il donc mieux laisser la Gaule en proie à la pire des anarchies ou subir le joug d'une autre nation barbare, des Visigoths, des Burgondes,

---

1. Et comme l'histoire se recommence toujours, qu'il nous soit permis de rappeler dans cette vie de saint Remi, le grand exemple donné par son successeur, sur le siège de Reims, Mgr Landriot, qui défendit de toutes ses forces les intérêts de sa ville épiscopale pendant la dernière invasion des barbares, en 1870.

qui par l'arianisme échappaient à l'influence moralisatrice de l'Église ? Valait-il mieux créer un gouvernement provisoire ? Ah ! que n'eût-on pas dit, que ne dirait-on pas encore si le haut clergé se fût constitué en assemblée souveraine, eût nommé directement un roi ou un empereur, eût fait acte d'autorité quelconque ! Au lieu de cela, les évêques comprirent le parti que la civilisation et le catholicisme pouvaient tirer des Francs, race jeune et énergique, apportant à la Gaule un pouvoir militaire pour maintenir la tranquillité au-dedans et repousser les attaques des autres envahisseurs (1).

Ce fut là, sans aucun doute, le mobile de saint Remi, et le récit des faits va le prouver.

---

1. Cf. LECOY DE LA MARCHE, *La fondation de la France*, chap. III, § 2.

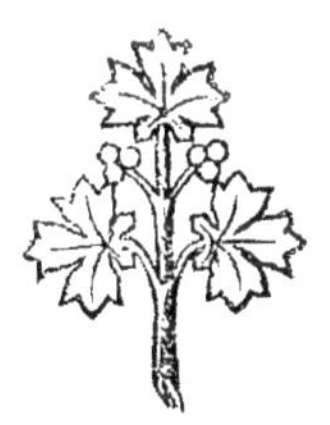

I.

LES Francs, conquérants des Gaules, établirent-ils un gouvernement tout à fait à part de la nation subjuguée, et celle-ci, réduite en servitude, fut-elle privée de tout droit politique et même du droit de propriété, destinée au travail et à la culture de la terre ? Ou bien, les Gaulois n'ont-ils été ni asservis ni dépouillés, et les Francs devinrent-ils leurs maîtres en vertu de traités plutôt que par la force des armes ? Double question qui a suscité parmi les érudits de grandes controverses. On admet généralement qu'il y eut d'abord un fait brutal, une occupation violente, et qu'il y eut ensuite ratification, légitimation de ce fait par des conventions explicites ou tacites. « Les empereurs, dit Procope, ne purent empêcher les barbares d'entrer dans les provinces ; mais les barbares de leur côté ne crurent point posséder en sûreté les terres qu'ils occupaient, tant que le fait de leur possession ne fut pas changé en droit par l'autorité impériale. »

Racontons brièvement ce qu'étaient les Francs avant Clovis. De bonne heure, nous voyons des guerriers francs dans les légions romaines, et pendant les quatre premiers siècles ils sont cantonnés, comme colonies militaires, sur différents points du territoire gaulois. Sous Julien l'Apostat, ils s'introduisent dans l'île des Bataves, et l'empereur leur concède ce territoire à la charge de défendre le passage du Rhin contre les autres barbares. Ils s'installent ainsi sur la rive gauche et par la force et par la légalité, et, pendant quelque temps, défendent la frontière menacée. En 406 et

409, on les voit encore protéger l'empire à demi tombé. Mais déjà, la chute du colosse ne faisant plus de
doute pour personne, ils songent à prendre leur part
de sa dépouille et s'étendent dans la Belgique. Les
Francs Saliens s'établissent sur les bords de l'Escaut,
dans le pays des Nerviens, puis, à la faveur de l'invasion
vandale, jusque chez les Morins et les Atrébates. Ils
occupent même un instant, en 407, Tournai, Cambrai,
Arras, Amiens. Ils se retirent presque aussitôt, mais
la route est ouverte, et un peu plus tard ils reparaî-
tront en maîtres. Presque en même temps, les Francs
Ripuaires pénètrent dans les places romaines situées
entre le Rhin et la Meuse: ils s'emparent de Trèves,
et cette noble cité est livrée à toutes les horreurs du
pillage. Vers 420, toutes les tribus franques s'organi-
sent sous la direction d'un chef unique: elles entendent
alors marcher en phalanges compactes à la conquête
du pays. Les alliés de l'Empire romain sont devenus
ses ennemis les plus redoutables, demain ils seront
ses maîtres.

Les Francs, sous la conduite de Clodion, s'avancent
vers le centre, dans la Gaule. Grégoire de Tours nous
dit que, sous la direction de ce chef ou roi, ils écra-
sèrent les Romains, s'emparèrent de la ville de Cambrai, et occupèrent tout le territoire jusqu'à la Somme.
Sous Mérovée, la marche des Francs subit un temps
d'arrêt. Attila, avec ses hordes de Huns, menaçait le
monde entier. Contre le *fléau de Dieu*, Mérovée réunit
ses tribus aux forces romaines commandées par
Aétius, et les Francs contribuèrent bravement à la
défaite d'Attila dans les plaines catalauniques. Enfin,
sous Childéric, fils de Mérovée, ils combattirent avec
Égidius, maître de la milice des Gaules, contre les
Saxons et les Allemands. Après la mort de ce dernier
des généraux romains, Childéric entreprit la soumis-

sion de toute la Gaule septentrionale. Il assiège Lutèce, s'en empare, et sainte Geneviève obtient la grâce des prisonniers que le prince franc voulait mettre à mort. Mais la vive résistance des Gallo-Romains l'oblige à retourner dans Tournai, sa capitale, où l'on a retrouvé son tombeau.

Voilà où en était arrivée la domination franque à l'avènement de Clovis (481). C'est cette nouvelle figure qu'il nous faut rapidement esquisser. « Ce n'est point un saint Louis qui va s'offrir à nos yeux, tant s'en faut ; c'est encore un barbare. Mais il est vraiment beau, ce barbare, apportant dans les plis de sa tunique courte la réconciliation du vieux monde gallo-romain avec les adversaires que lui envoyaient depuis des siècles les rivages de la Germanie. Il a la beauté de la Sulamite que l'Écriture compare à un chœur de guerriers, et, comme elle, il séduira les peuples au premier aspect. Nous allons voir la Gaule, suivant l'énergique expression de notre premier chroniqueur, soupirer d'amour après sa domination (1). »

Clovis avait quinze ans lorsqu'il succéda à son père comme roi des Francs de Tournai. Il était né en 466, au fort des combats que Childéric livrait dans la vallée de la Loire. Quand mourut son père Childéric, déjà son fils portait la framée, car, dans la coutume des Francs Saliens, la majorité commençait à douze ans : il n'y eut donc aucune interruption dans l'exercice du pouvoir royal à Tournai. Les Francs n'eurent pas à délibérer sur la succession de Childéric, et Clovis succéda de plein droit à son père, en vertu d'une hérédité qui était dès lors établie solidement dans son peuple : il était né roi de par la naissance. Il ne fut donc pas élevé sur le pavois : les guerriers se bornèrent à accla-

---

1. LECOY DE LA MARCHE, *La fondation de la France*, IIe partie, chap. III, § 4.

mer le prince qui continuait leur lignée royale, et dont
la jeunesse était pour eux le gage d'un règne long et
glorieux.

II.

Quelques années avant que Clovis ne recueillît la
succession paternelle, en 476, l'empire d'Occident, qui
chancelait depuis plus d'un siècle, achevait de s'écrou-
ler sous les coups des Hérules. Il n'y avait donc plus
d'engagements pour lier les Francs au sort et à la
politique des Romains. Syagrius, officier romain, s'était
taillé au nord une principauté indépendante, dont
Soissons était la capitale. Ce prétendu royaume allait
jusqu'à la Somme du côté du nord, jusqu'à la Lorraine
à l'est, jusqu'à la Seine et à la mer du côté du sud et
de l'ouest. Bien petit était le domaine du roi des
Saliens auprès de celui de son rival, auprès de ceux
des Bourguignons et des Visigoths avec lesquels il
devait se rencontrer dans l'intérieur de la Gaule. Mais
un guerrier franc valait quatre soldats gallo-romains ;
et Clovis appelant à lui tous les hommes valides auxquels il commandait, après s'être assuré le concours de
Ragnacaire qui règne à Cambrai et des autres petits
chefs de sa tribu, va se mesurer avec Syagrius. Cette
campagne eut lieu en 486 : Clovis n'avait que vingt
ans. Parti de Tournai, il vient à Cambrai, puis à Vermand, d'où une voie romaine le conduit à Soissons.
Parvenu en face de Syagrius qui s'est porté en avant
de sa capitale, le jeune prince lui demande de fixer lui-
même un champ de bataille. Le combat s'engagea au
nord de Soissons. « Pendant la mêlée, dit Grégoire de
Tours, Syagrius, voyant son armée rompue, lâcha pied,
et tout d'une traite s'enfuit jusqu'à Toulouse, auprès
du roi des Visigoths Alaric. » Soissons avait ouvert ses
portes au vainqueur dès le lendemain de la bataille, et

Clovis s'y était aussitôt installé comme dans sa capitale. Tournai fut oublié, et les Francs Saliens des bords de l'Escaut virent leur souverain abandonner, pour n'y plus reparaître jamais, le palais de la vieille cité mérovingienne. Soissons va remplacer Tournai. Clovis s'installa dans le palais de Syagrius et prit possession de tout le domaine impérial. Ce fut l'origine de ses richesses qui constituèrent un des éléments essentiels de la puissance de sa dynastie.

III.

A cette époque (486), croyons-nous, doit avoir sa date la magnifique lettre de saint Remi à Clovis, lettre qui est la véritable charte de la monarchie naissante. M. God. Kurth, dans son *Clovis*, qui restera un monument d'érudition, croit que « Remi, le saint évêque de Reims, un des plus illustres personnages de la Gaule, métropolitain de la deuxième Belgique, la plus haute autorité religieuse du pays où sa parole avait la valeur d'un oracle pour les fidèles », écrivit cette lettre à Clovis en 481, peu de temps après l'avènement de ce prince qui se trouvait encore à Tournai. Dom Bouquet, le P. Sirmond et d'autres historiens prétendent qu'elle fut écrite en 507, avant la bataille de Vouillé. M. Lecoy de la Marche, dans une dissertation fort intéressante [1], prouve qu'elle fut envoyée au prince franc après la bataille de Soissons, et c'est notre sentiment. Tel est le début des relations intimes qui vont se nouer entre le grand évêque de Reims et le premier roi de France. Tout païen qu'il est encore, Clovis se montre plein de respect pour l'Église, et l'Église, le traitant d'avance en fils soumis, lui donne, par la voix de saint Remi,

---

1. LECOY DE LA MARCHE, *La Fondation de la France*, Appendice Ier, sur la lettre de saint Remi à Clovis.

des conseils paternels pour le gouvernement du pays qu'il vient de conquérir. Souvenons-nous, en lisant cette lettre, que le destinataire avait vingt ans, et que, même à cette époque, les barbares païens s'inclinaient avec respect devant la grandeur morale des évêques.

« Une grande nouvelle est parvenue jusqu'à nous :
« la conduite de la guerre que vous avez entreprise
« vous a donné pour résultat la victoire. Il n'est pas
« étonnant que vous soyez dès à présent ce qu'ont été
« vos pères. Ce qui vous reste à faire maintenant, c'est
« de ne point vous écarter des vues du Seigneur qui a
« récompensé votre humilité en vous élevant au faîte
« suprême ; car, suivant une locution vulgaire, les
« actions de l'homme se jugent par leurs résultats.
« Vous devez vous entourer de conseillers capables de
« faire honneur à votre renommée, pratiquer le bien,
« être chaste et honnête. Vénérez vos pontifes et recher-
« chez leurs avis. Si vous êtes en bonne intelligence
« avec eux, votre autorité s'en trouvera affermie. Soyez
« le protecteur de vos sujets, l'appui des affligés, la
« consolation des veuves, le père des orphelins et le
« vrai maître de tous, pour leur apprendre à vous aimer
« et à vous craindre. Que la voix de la justice se fasse
« entendre par votre bouche. N'attendez rien des pau-
« vres ni des étrangers ; ne consentez point à recevoir
« de présents. Que votre prétoire soit ouvert à tous, et
« que personne n'en sorte avec la tristesse de n'avoir
« pas été entendu. Employez votre patrimoine à la
« délivrance des captifs et recevez avec bonté les étran-
« gers qui se présenteront devant vous. Délassez-vous
« avec les jeunes gens (de votre âge), mais traitez les
« affaires avec les vieillards, si vous voulez passer pour
« grand, si vous voulez vraiment régner. »

Quelle majesté et quelle autorité dans cette lettre ! Et Remi, son auteur, appartient au peuple vaincu ! Et

il s'adresse au vainqueur ! Et ce vainqueur est encore
païen ! Peut-on déclarer plus dignement au nouvel arrivant qu'on sera avec lui s'il est avec la justice et la
religion ? « La lettre de saint Remi, dit M. Lecoy de la
Marche, est l'expression la plus authentique de la situation respective de l'Église et de la royauté naissante;
elle se place au seuil de notre histoire comme la charte
fondamentale de la monarchie très chrétienne, et, en
l'acceptant, notre premier roi, quoique barbare encore,
évoque par son attitude le souvenir de saint Louis,
comme l'aurore fait penser au soleil ([1]). »

Qu'on ne s'étonne pas d'ailleurs de voir saint Remi
et le clergé de la deuxième Belgique saluer en Clovis
son souverain. Clovis n'était-il pas le fils et le successeur de ce prince franc qui avait exercé sur cette province une autorité respectée et bienfaisante ? Que
l'épiscopat gallo-romain dans la personne du saint
évêque de Reims ait préféré cette autorité à celle de
Syagrius, il n'y a rien là qui doive nous surprendre.
En supposant même que les évêques fussent restés
fidèles à l'illusion impériale, pouvait-on soutenir que
Syagrius était le représentant de l'Empire plutôt que
Clovis ? Du reste la Providence, qui destinait les tribus
franques à peupler « les solitudes de l'empire », allait
infuser un sang nouveau à cette société gallo-romaine
si corrompue. Ses évêques étaient là, et saint Remi le
premier, le plus illustre de tous, pour recevoir l'envahisseur. Ils avaient pris solidement possession par la
foi des racines mêmes du pays, de manière à commander au flot de la barbarie victorieuse, et à lui dire en
toute assurance : « Tu n'iras pas plus loin ! »

---

1. LECOY DE LA MARCHE, *La Fondation de la France*, Ire partie, chap.
III, § 3.

IV.

Dans une des églises qu'ils avaient pillées, les soldats francs avaient emporté les ornements sacerdotaux et tous les vases sacrés. Parmi ceux-ci se trouvait une grande urne d'une beauté remarquable, et à laquelle l'évêque du diocèse tenait beaucoup. Il envoya donc prier Clovis de lui rendre au moins cet objet d'art. Remarquons en passant la signification de cette démarche : c'est celle d'un homme qui croit pouvoir compter sur de la déférence et qui ne voit pas un ennemi dans le roi des Francs. Clovis, dont l'expédition était terminée pour cette année, et qui était déjà sur le chemin du retour, invita le mandataire de l'évêque à le suivre jusqu'à Soissons où devait avoir lieu le partage du butin. Cette opération difficile se fit selon le procédé traditionnel chez les barbares : on jetait en un tas tout ce qui avait été pris ; une part privilégiée, le cinquième ordinairement, était assignée au roi par le sort ; tout le reste était partagé en lots qu'on tâchait de rendre aussi égaux que possible, et qu'on distribuait entre tous les soldats. Les œuvres d'art les plus précieuses n'étaient évaluées qu'au poids du métal ; si elles semblaient dépasser la valeur d'une part ordinaire, elles étaient mises en pièces. Ces usages militaires avaient la force que leur donnait une longue tradition, jointe à l'intérêt commun ; on comprend avec quelle sollicitude tous y devaient tenir, et le roi, qui en tirait tant d'avantages, avait moins que tout autre, le droit d'y déroger au détriment des soldats.

Clovis exposait donc une partie de sa popularité pour faire plaisir à l'évêque, lorsqu'il demanda qu'on lui adjugeât le vase. Toutefois, comme ses guerriers l'aimaient et que la demande ne semblait pas de conséquence, tous furent unanimes à déférer à son désir. Mais un mécontent, peut-être un des commissaires préposés au partage par leurs camarades, protesta contre la prétention de Clovis, et cassa le vase avec sa hache, en déclarant que le roi n'en aurait tout ou partie que si le sort le mettait dans son lot. Clovis dut dévorer sa colère, car en somme le soldat insolent était dans son droit strict, et il défendait celui de tous ses camarades. A coup sûr, l'armée franque eût pris ombrage d'une vengeance qui, tirée sur l'heure, eût semblé une atteinte à la liberté du partage, plutôt que la punition d'une injure. Au surplus, le vase ayant été attribué au roi par le vote de l'armée, il en prit les morceaux qu'il rendit à l'envoyé épiscopal.

L'année suivante, Clovis trouva une occasion de se venger, et il le fit cruellement. Passant ses troupes en revue au commencement de la campagne, il rencontra l'homme au vase, et le gourmanda sévèrement sur l'état de ses armes. « Nul, dit-il, n'est aussi mal équipé que toi ; ta framée, ton épée, ta hache, rien ne vaut. » Et lui arrachant cette dernière arme des mains, il la jeta à terre. Comme le soldat se baissait pour la ramasser, Clovis lui abattit sa francisque sur la tête en disant : « C'est ce que tu as fait au vase de Soissons. » Personne n'osa bouger dans l'armée, et cet acte de sévérité frappa de terreur tous les soldats.

Cet épisode nous révèle tous les ménagements dont Clovis usait vis-à-vis de l'épiscopat au cours de sa conquête, et les difficultés que cette politique prudente et circonspecte rencontrait dans l'humeur brutale des siens. Ceux-ci voulaient du butin et ne rêvaient que pillage : leur donner toute satisfaction, c'était s'exposer à voir se lever la contrée tout entière, et les évêques se faire l'âme de la résistance. D'autre part, avoir trop d'égards envers les indigènes, c'était risquer de mécontenter l'armée. Il fallait manœuvrer entre ces deux dangers opposés, et laisser passer les violences qu'on ne pouvait empêcher, tout en cherchant à réparer aussitôt le mal qui avait été fait. Ainsi la population irritée contre les soldats, s'apercevait qu'elle était protégée par leur chef, et elle se persuadait peu à peu qu'elle avait tout à gagner en reconnaissant l'autorité de ce protecteur.

Le nom de l'évêque qui fut le héros de cet épisode célèbre nous est resté inconnu. Grégoire de Tours n'a pas cru devoir nous le dire ; mais, de bonne heure après lui, on s'est persuadé que c'était saint Remi de Reims, et la conjecture n'a rien d'invraisemblable. L'archevêque Hincmar, se faisant l'interprète d'une vieille tradition locale, voit même un souvenir du passage des Francs dans le nom du *Chemin de la Barbarie*, que l'on montre encore aujourd'hui dans la campagne de Reims, et qui fut suivi, dit-il, par l'armée de Clovis. Somme toute, il nous importe assez peu de connaître le nom resté dans la plume de Grégoire de Tours. L'anecdote n'a de valeur que par son côté général, en ce sens que tout autre évêque de la Gaule romaine eût pu en être le héros ([1]).

Car, il nous faut le répéter, partout, dans la Gaule, l'autorité spirituelle de l'évêque se substitue à l'autorité disparue du comte ; les villes qui ont des évêques, comme Rémi à Reims, comme Principe, son frère, à Soissons, possèdent en eux des chefs qu'elles aiment et qui jouissent de leur confiance. En face de pareils dangers et n'ayant plus d'épée pour la défendre, la Gaule s'était mise sous la protection de ses évêques : elle regardait de leur côté chaque fois que l'orage se levait, attendant plus de leurs prières et de leur influence morale que de la valeur de ses soldats et du talent de ses généraux. Dans ces centres urbains qui

---

1. GOD. KURTH, *Clovis*, pp. 259 et seq.

ressemblaient à des navires désemparés, les évêques
étaient des hommes providentiels qui venaient remplacer au gouvernail le pilote frappé de vertige et qui,
sereins et calmes au milieu de l'irritation des flots, gui-
daient vers le port les peuples rassurés. Installés dans
les palais des gouverneurs, ils n'héritèrent pas seulement de leurs logis abandonnés, mais encore de leurs
fonctions désormais sans titulaire. Ils remplirent la
mission de l'État que l'État ne remplissait plus. Partout où l'on peut jeter un regard sur leur activité, on
les voit non seulement bâtir des églises et enseigner
les fidèles, mais organiser la charité, présider aux travaux publics, veiller à l'hygiène, se faire les protecteurs
de leurs ouailles menacées, monter sur les murailles à
l'heure où il s'agit de mourir. Ce que la papauté fut pour
la ville de Rome menacée par les Lombards et aban-
donnée par les empereurs, les évêques de Gaule l'ont
été pour leurs villes non moins menacées et non moins
abandonnées. L'histoire ne nous l'a pas dit, puisque en
somme l'histoire ne dit plus rien ; mais cela ressort de
tous les faits qui resteraient inexplicables autrement (1).

1. God. Kurth, *Clovis*, p. 270.

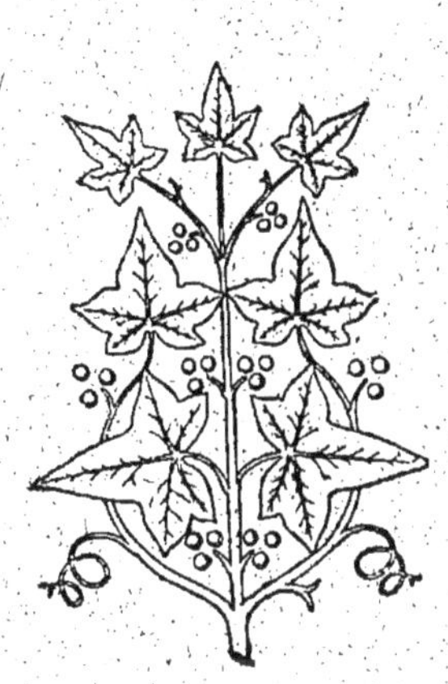

CHAPITRE IV

I.

AVANT de continuer le récit des événements, il nous faut encore revenir sur la lettre de saint Remi à Clovis après la bataille de Soissons. Cette épître nous semble le point de départ, la véritable charte de la monarchie française. On y trouve l'écho anticipé de la fameuse parole qui devait sortir bientôt des mêmes lèvres devant le baptistère de Reims : « Courbe docilement la tête, ô Sicambre. » L'évêque écrase le roi barbare de toute la supériorité que donnent à ses paroles la religion, la civilisation, l'autorité morale. Le pontife apparaît comme le vrai gouvernant ; mais c'est au gouvernement des âmes qu'il prétend, ce sont les intérêts des fidèles qu'il prend en main, en digne continuateur des *défenseurs de la cité.* Et quant au monarque, il subit sans regimber cet ascendant irrésistible de la grandeur et de la majesté de cette Église catholique qu'il n'avait entrevue jusque-là que de loin, mais dont le premier aspect le saisit, le jour où il se trouve en contact immédiat avec elle. Il devient, dès ce premier moment, l'allié des évêques, et non leur instrument ; il embrasse la grande politique chrétienne, la politique de saint Louis dont le principe fondamental est l'union intime des deux glaives spirituel et temporel. Ce respect, cette loyauté, cette habileté, calculée ou non, amèneront le roi des Francs au bord de la piscine sacrée. On le sent autour de lui ; on lui parle comme à un chrétien et n'est-il pas déjà cent fois plus chrétien que les princes livrés à l'arianisme, que les oppresseurs des populations catholiques de l'est et du midi ?

La monarchie française n'est pas encore fondée, mais le premier pas est fait et c'est un pas décisif. Clovis domine de l'Escaut à la Seine. Il est investi de toute la puissance civile et militaire par les Gallo-Romains de cette contrée : il a reçu l'investiture. Il règne sur les Francs par droit de naissance, sur les Gaulois par l'adoption ; et dès lors commence sur cette partie du territoire, l'œuvre longue et laborieuse de la fusion des deux peuples. Ils ne se mélangent pas encore, la différence de religion s'y oppose ; mais ils sont en contact, et même ils sont en paix, changement radical et d'une portée considérable (1).

La providence de Dieu, qui dispose toute chose *avec force et suavité*, mettra dix ans à accomplir cet acte laborieux, et cela au milieu des prodiges. Elle aurait pu le faire en un jour, puisque rien n'est impossible à Dieu : mais la fondation de la France, fille aînée de l'Église, devait s'accomplir progressivement, comme toutes les choses humaines, et à l'accomplissement de cette œuvre si belle devait concourir avec saint Remi, l'Apôtre des Francs, une princesse catholique, Clotilde, la sainte épouse de Clovis.

Clotilde était fille de Chilpéric, roi de Lyon, et de Carétène. Son père, maître des milices, n'a guère laissé de traces dans l'histoire de ces temps obscurs : mais sa mère, Carétène, chrétienne accomplie, épouse d'un monarque arien, donnait sur le trône l'exemple de toutes les vertus, et était auprès de son mari la patronne des opprimés. Chilpéric la laissa élever ses deux filles dans la religion catholique, et après sa mort elle se retira avec ses enfants à Genève auprès de Godégisil. Sa sœur ayant pris le voile, Clotilde, dont on célébrait la beauté et les vertus, demeura auprès de

---

1. Lecoy de la Marche, *La Fondation de la France*, IIe partie, chap. II, § 2.

sa mère. C'est là que Dieu devait la prendre pour en faire l'épouse de Clovis. Ce prince avait vingt-six ans et on lui cherchait parmi toutes les princesses une femme digne de ses hautes destinées. Ce fut avec Gondebaud, roi des Burgondes, frère de Chilpéric et oncle de Clotilde, que fut négocié le mariage. Les légendes populaires ont accusé le roi des Burgondes d'avoir été le meurtrier de ses frères et de leurs fils, mais l'histoire donne un éclatant démenti à ces traditions, si anciennes qu'elles soient.

Quoi qu'il en soit, la famille royale de Burgondie fut flattée d'une alliance qui la rattachait à un prince désormais puissant et en qui elle trouverait sans doute un allié contre les Goths d'Italie et d'Espagne. Les seuls scrupules vinrent de la jeune fille qui, catholique fervente, tremblait devant les hasards d'un mariage avec un païen. Les unions de ce genre, sans être précisément défendues par l'Église, étaient généralement envisagées par elle avec une certaine défiance, et Clotilde ne pouvait pas l'ignorer. Sans doute dans le trouble de sa conscience, elle s'adressa aux pasteurs de l'Église, et l'on aime à se persuader que de grands esprits comme saint Avit, évêque de Vienne, ont participé à la solution du problème moral qui préoccupait la future reine des Francs. En considération des intérêts suprêmes qu'ils voyaient en jeu, ils auront rassuré cette âme craintive, et ils lui auront rappelé que, plus d'une fois, selon la parole de l'Apôtre des nations, *l'homme infidèle a été sanctifié par la femme fidèle*. Mais en même temps ils auront voulu que la vierge chrétienne ne fût pas exposée à devenir la mère d'une famille païenne, et ils auront stipulé, se conformant à l'esprit de l'Église catholique, que les enfants issus du mariage projeté recevraient le baptême.

L'union de Clovis et de Clotilde fut donc conclue

en 492 ou 493. Une ambassade solennelle alla, selon l'usage, chercher la jeune fiancée et la ramena à son époux, qui était venu à sa rencontre à Villery, près de Troyes, aux confins des deux royaumes. Il la conduisit lui-même à Soissons, où, selon toute apparence, eurent lieu les fêtes du mariage. L'union fut heureuse. Dès les premiers jours, le jeune roi barbare s'attacha d'un cœur sincère à l'épouse de son choix ; il lui laissa prendre sur sa vie un grand et salutaire ascendant, et Clotilde devint le bon génie de ce héros sauvage. Il lui resta fidèle ; nulle part on ne voit que, comme tant de ses successeurs, il lui ait infligé l'injurieux partage de son affection avec des rivales. Elle fut la reine de son cœur, comme elle était la reine de son peuple [1].

Soissons, où se trouvait la cour du roi des Francs, avait alors pour évêque saint Principe, frère aîné de saint Remi. Les relations qui existaient entre l'illustre évêque de Reims et le roi des Francs devenaient de plus en plus fréquentes : et Clotilde, la jeune épouse de Clovis, ne cessait de mettre en avant pour résoudre bien des difficultés l'autorité du grand évêque. Le nouveau roi avait pris l'heureuse habitude de se régler sur les avis de saint Remi, nous dit la très ancienne vie de ce saint prélat ; et Clotilde, résolûment catholique, se mit à combattre les préjugés superstitieux qui hantaient l'esprit de son royal époux. Elle entreprit de le détromper, de le convertir. Elle faisait le procès du paganisme et en démontrait toute la puérilité [2]. La lumière n'entrait pas aisément dans l'âme de Clovis : son premier fils, Ingomer, qui avait été baptisé étant mort, il vit dans cet événement une vengeance des dieux. Leur second fils, Clodomir, fut néanmoins baptisé, mais il tomba aussi malade, et la colère de Clovis éclata. Dieu, à la prière de Clotilde,

1. GOD. KURTH, *Clovis*, p. 294.
2. Cf. GRÉGOIRE DE TOURS.

lui rendit la santé. Ces petits événements intimes qui influent si profondément sur l'esprit d'un père, tout cela l'avait merveilleusement prédisposé au baptême : il se faisait tout un travail mystérieux dans ce cœur fier, mais loyal. Gagné par la douceur et la patience de Clotilde, lui le violent et l'irascible Clovis se disait que, après tout, la religion chrétienne qui lui donnait une épouse si accomplie, n'était pas si méprisable. De plus, cette religion pouvait se prévaloir de ses augustes représentants : à Soissons, Principe, et à Reims, l'évêque estimé des Francs comme des Gallo-Romains, saint Remi. Vienne donc un incident décisif ménagé par la divine Providence, et Clovis, déjà ébranlé, sera tout à fait gagné à la cause du christianisme.

II.

L'incident ménagé par la Providence fut Tolbiac. Que ce nom resté fameux dans l'histoire appartienne à la première victoire de Sigebert, roi des Francs Ripuaires, sur les Alamans, ou que la bataille engagée par Clovis sur ces mêmes barbares, ait eu lieu en un autre endroit que Grégoire de Tours ne mentionne pas, peu importe à la vie de saint Remi.

C'était en 496, la quinzième année du règne de Clovis et la trente-septième de l'épiscopat de saint Remi. Les annales franques n'ont accordé qu'une sèche mention au drame que nous allons raconter, mais les hagiographes du VIe siècle en ont mieux gardé la mémoire, et c'est à l'un d'eux que nous devons d'en connaître au moins l'acte principal.

La lutte fut acharnée. Sentant l'importance de l'enjeu et connaissant la valeur de l'adversaire, Clovis y avait engagé toutes ses forces, auxquelles probablement s'étaient joints les contingents des Ripuaires. De leur côté, les Alamans doivent avoir mis en ligne des forces au moins aussi considérables, puisqu'ils purent balancer la victoire et même, à un certain moment, faire plier les milices franques. Ils étaient de tout point dignes de se mesurer avec les vétérans de Clovis. La *furia* alémanique était célèbre sur les champs de bataille : les Alamans se ruaient à la victoire avec un élan qui renversait tout. Mis en présence de rivaux dont les derniers événements avaient grandi le nom et exalté l'orgueil, ils savaient qu'ils jouaient une partie suprême, et la conscience de la gravité de cette journée augmentait en eux la fièvre du combat.

Déjà ils touchaient au terme de leurs ardents efforts. L'armée des Francs commençait à fléchir, et une débandade était imminente. Clovis, qui combattait à la tête des siens, s'aperçut qu'ils mollissaient, et qu'il ne parvenait plus à les ramener à l'assaut. Comme dans un éclair, il vit passer devant ses yeux toutes les horreurs de la défaite et tous les désastres de la fuite. Alors, sur le point de périr, abandonné de ses dieux, qu'il avait invoqués vainement, il lui sembla entendre en lui-même la voix aimée qui y était descendue si souvent pour lui parler d'un Dieu meilleur et plus grand. En même temps, il voyait surgir, du fond de sa mémoire remplie des entretiens de Clotilde et de Remi, la figure de ce Christ si bon et si doux qui était, comme elle le lui avait dit, le vainqueur de la mort et le prince du siècle futur. Et, dans son désespoir, il poussa vers lui un cri plein d'angoisse et de larmes : « JÉSUS-CHRIST, s'écria-t-il au dire de notre vieil historien, toi qui es, selon Clotilde, le Fils du Dieu vivant, secours-moi dans ma détresse, et si tu me donnes la victoire, je croirai en toi et je me ferai baptiser. »

Le cri de Clovis a traversé les siècles, et l'histoire en gardera à jamais le souvenir. Sorti, au milieu des

Bataille de Tolbiac.

(D'après les tapisseries anciennes de Saint-Remi de Reims.)

horreurs du champ de bataille, des profondeurs d'une âme royale qui parlait au nom d'un peuple, il est autre chose que la voix d'un individu en péril, il représente ce peuple lui-même dans le moment le plus solennel de son existence. Telle est la grandeur historique du vœu tombé des lèvres de Clovis à l'heure du danger ; c'est un pacte proposé au Christ par le peuple franc, et que le Christ a ratifié. Car à peine Clovis eut-il prononcé ces paroles, continue le chroniqueur, que la fortune du combat fut brusquement intervertie. Comme s'ils s'apercevaient de l'entrée en scène de quelque allié tout-puissant, les soldats de Clovis reprennent courage. La bataille se rétablit, l'armée franque revient à la charge, les Alamans plient à leur tour, leur roi succombe dans la mêlée, et alors, par un revirement aussi prompt qu'imprévu, les vainqueurs de tantôt se voient transformés en vaincus. La mort de leur chef a eu raison de leur ardeur ; ils jettent les armes, et sur le champ de bataille même ils demandent grâce au roi des Francs. Celui-ci les traita avec douceur et générosité, et, se contentant de leur soumission, il mit aussitôt fin à la guerre.

Telle est, racontée par une source contemporaine, l'histoire du triomphe de Clovis sur les Alamans, ou, pour mieux dire, de la foi chrétienne sur le paganisme (1).

III.

Clovis, après sa victoire, ne sera ni traître, ni ingrat; il a fait un serment, il le tiendra malgré les obstacles qu'il entrevoit. Et Dieu prendra par la main ce barbare, qui n'était rien, mais qui, dans la sincérité de son âme, a jeté, à l'heure du péril, ce cri suprême : Dieu

---

1. Cf. GOD. KURTH, *Clovis*, pp. 215 et seq.

qu'adore Clotilde, sauve-moi, sauve mon peuple, et nous t'adorerons aussi ! Il le ramènera triomphant auprès d'un pontife vénérable et d'une épouse chérie, et tous deux, l'un par amour conjugal, l'autre par amour de la vérité et de la patrie, s'efforceront d'achever la transformation commencée par ce triomphe inespéré.

Du reste, les obstacles s'aplaniront sous les pas du roi victorieux. Il accélère sa marche plein d'une joie sereine, suivi de ses troupes chargées de butin. A Toul, il entend parler d'un pieux solitaire nommé Vedastus, qui vivait dans la pratique de toutes les œuvres de religion et de charité. Clovis s'adjoint le saint comme compagnon de route, et Vaast, le futur évêque d'Arras, devient le catéchiste du nouveau converti. Dieu multiplie les miracles sur leurs pas. Pour affermir la foi de son néophyte, sur les confins du pays rémois, en traversant la rivière d'Aisne, saint Vaast rend la vue à deux aveugles, en confirmation des vérités qu'il annonçait (1).

C'est à Reims que Clotilde attendait le retour de Clovis, et c'est là, dans le centre religieux de son royaume, qu'il va se préparer au grand acte de son baptême.

Le premier soin de la reine, lorsqu'elle eut reçu de la bouche même de Clovis, avec le récit de sa victoire, la consolante nouvelle de sa conversion, fut de mander secrètement saint Remi. Le prélat n'eut pas à convaincre un prince qui était déjà chrétien de par son vœu ; il put se borner à l'instruire des vérités fondamentales de la foi. Une tradition fort ancienne nous fait assister à l'un des entretiens de l'évêque et de son royal catéchumène. Celui-ci, en entendant le récit de

---

1. DOM MARLOT, *Histoire de la ville, cité et université de Reims*, liv. V, chap. 8.

la Passion du Sauveur, aurait bondi dans un transport de colère et se serait écrié : « Que n'étais-je là avec mes Francs ! » Au surplus, il est permis de croire que le souverain d'une nation en grande partie catholique, l'époux de Clotilde, le catéchumène de saint Vaast, possédait déjà une certaine connaissance de la doctrine chrétienne.

Il ne restait donc plus qu'à donner à la conversion de Clovis le sceau du baptême. C'était le vœu le plus cher de Clotilde et de Remi ; Clovis lui-même était pressé de s'acquitter d'une promesse faite à la face du ciel. Mais une démarche de ce genre n'était pas sans difficulté. Le peuple franc vénérait dans Clovis non seulement le fils de ses rois, mais le descendant de ses dieux. Quand il marchait à la tête de son armée, secouant sur ses épaules les boucles blondes de sa chevelure royale, une auréole divine semblait rayonner autour de sa tête. En brisant la chaîne sacrée qui rattachait sa généalogie au ciel, ne devait-il pas craindre que son autorité fût ébranlée par la diminution qui atteindrait son origine, le jour où il n'aurait plus d'autre titre à régner que ses qualités personnelles ? Cette question était sérieuse, et elle pouvait faire réfléchir tout autre que Clovis ; lui se sentait assez sûr de son peuple pour pouvoir passer outre.

Un autre obstacle semble avoir fait plus longuement réfléchir Clovis. Qu'allaient dire ses *antrustions* (¹) ? Liés à sa personne par le lien sacré du serment, obligés envers lui, par leur honneur de guerriers, au dévouement le plus absolu, ils ne pouvaient pas rester les adorateurs de Wodan alors qu'il allait être le fidèle de Jésus-Christ. Entre eux et lui tout était commun, et son Dieu devait être le leur. Le pacte d'honneur et de dévouement qui les groupait autour de lui était sous

---

1. Gardes du corps, les principaux chefs et soldats de l'armée franque.

la garantie de la religion ; quelle en eût été la sanction, s'il n'avait pas eu de part et d'autre le même caractère ? Clovis ne pouvait pas se faire chrétien sans ses hommes, et s'il se convertissait, il fallait qu'ils abjurassent avec lui. Sinon, la bande se dissolvait, et le roi qui avait abandonné la tradition nationale, se voyait abandonné lui-même par ceux qui voulaient y rester fidèles.

Ce n'est donc pas seulement le consentement de ses antrustions à son baptême, c'est leur propre baptême que Clovis devait obtenir, s'il voulait accomplir avec sécurité la grande œuvre de sa conversion. Aussi n'était-il pas sans inquiétude sur le résultat de sa démarche. « Je t'écouterais volontiers, saint père, dit-il à l'évêque de Reims dans le récit de Grégoire de Tours, seulement les hommes qui me suivent ne veulent pas abandonner leurs dieux. Mais je veux aller les trouver, et les exhorter à se faire chrétiens comme moi. » L'épreuve, au témoignage du chroniqueur, réussit au delà de toute espérance. Clovis eut à peine besoin d'adresser la parole aux siens ; d'une seule voix, ils s'écrièrent qu'ils consentaient à abandonner leurs dieux mortels, et qu'ils voulaient prendre pour maître le Dieu éternel que prêchait Remi. La popularité du roi venait de remporter là un triomphe éclatant ; l'adhésion joyeuse et spontanée de ses principaux guerriers à la foi qu'il avait embrassée écartait tous les obstacles à sa conversion et l'on comprend que le narrateur ait vu dans ces dispositions le résultat d'une intervention providentielle.

L'instruction religieuse des hommes de Clovis fut menée rapidement, et il fallut fixer la date de la cérémonie du baptême. Une ancienne tradition voulait que ce sacrement ne fût administré que le jour de Pâques, afin que cette grande fête pût être, en quelque sorte, le jour de la résurrection pour les hommes et pour Dieu. Mais le respect de la tradition ne prévalut pas dans l'esprit des évêques, sur les raisons majeures qu'il y avait de ne pas prolonger le catéchuménat du roi et des siens. En considération des circonstances tout à fait exceptionnelles, on crut devoir s'écarter pour cette fois de la règle ordinaire, en fixant la cérémonie à la veille de Noël. Après la fête de Pâques, la Nativité du Sauveur était assurément, dans toute l'année liturgique, celle qui se prêtait le mieux au grand acte qui allait s'accomplir.

Est-il vrai qu'en attendant ce grand jour, Clovis voulut s'y préparer par un pèlerinage au tombeau de saint Martin, le patron national de la Gaule ? Saint Nizier, évêque de Trèves, parle de ce pèlerinage à une petite-fille de Clovis, comme d'un fait qui est dans toutes les mémoires, et l'on sait la dévotion particulière de Clotilde pour le sanctuaire de Tours auprès duquel elle voulut passer ses dernières années.

Revenu à Reims, Clovis ne s'occupa plus que de la grande affaire de sa régénération. Il s'entendit avec les évêques pour donner à la fête tout l'éclat religieux et profane qu'elle comportait. Tout ce qu'il y avait de personnages éminents dans le royaume y fut convié, et les invitations allèrent même chercher les princes de l'Église au delà des frontières. Le baptême de Clovis prenait la portée d'un événement international. La Gaule chrétienne en suivait les préparatifs avec une attention émue ; les princes de la hiérarchie catholique tournaient du côté des Francs un regard plein d'espérance, et un tressaillement d'allégresse parcourait au loin l'Église humiliée sous le joug des hérétiques.

La veille du jour où Clovis et ses principaux guerriers devaient recevoir le baptême, raconte Flodoard (1),

---

1. FLODOARD, *Histoire de l'Église de Reims*, liv. I, chap. 13.

après les hymnes et les offices de la nuit, l'évêque se rendit à l'appartement du roi, afin de pouvoir, à l'heure où le prince n'était plus occupé des affaires de ce monde, lui faire entendre avec plus de liberté les

S. Remi enseigne à Clovis les vérités de la Foi.
(D'après les tapisseries anciennes de St-Remi de Reims.)

mystères de la sainte parole. Saint Remi fut reçu avec respect par les officiers du roi qui se leva et courut avec empressement à la rencontre du prélat. Ensuite ils se rendent ensemble dans l'oratoire de saint Pierre, prince des Apôtres, attenant à la chambre royale. Le prélat, le roi et la reine se placèrent sur les sièges qui leur avaient été préparés, et l'on fit entrer quelques clercs, des serviteurs et des officiers de la maison. Tandis que le vénérable pontife adressait au roi ses salutaires instructions, Dieu, pour fortifier la parole sainte de son fidèle serviteur, daigna montrer ostensiblement que, suivant sa promesse, il est toujours au milieu des fidèles réunis en son nom. En effet toute la chapelle fut tout à coup remplie d'une lumière si vive qu'elle semblait effacer l'éclat du soleil. Puis, au milieu de cette lumière, une voix se fit entendre : « La paix soit avec vous ; c'est moi, ne craignez point et demeurez dans mon amour. » Après ces paroles, la lumière disparut, mais la chapelle conserva un parfum d'une suavité ineffable ; en sorte qu'on reconnaissait qu'en ce lieu était venu l'Auteur de la lumière, de la paix et de la douce piété. La même lumière répandit aussi sur le visage du saint prélat un éclat surnaturel.

Le roi et la reine prosternés aux pieds de l'évêque et saisis de frayeur, le prient de leur faire entendre des paroles de consolation, car ils sont disposés à mettre en pratique tout ce qu'il leur prescrirait au nom du Seigneur. Charmés des paroles qu'ils avaient entendues, ils avaient été éclairés intérieurement par la lumière qu'ils avaient vue, quoique cet éclat extérieur les eût épouvantés. Or le saint évêque, rempli de la sagesse divine, leur fait connaître l'effet ordinaire des visions célestes qui d'abord remplissent d'effroi le cœur des mortels, puis tempèrent leur crainte en la faisant suivre des plus douces consolations. Il leur apprend que les patriarches qui avaient eu des visions, en avaient d'abord été effrayés et que, grâce à la bonté divine, ils avaient été ensuite pénétrés de la joie la plus douce. Saint Remi lui-même, tout brillant à l'extérieur de cet éclat qui illuminait le visage de l'ancien législateur, mais plus brillant encore à l'intérieur de la lumière divine, saisi de l'esprit prophétique, leur annonça, dit-on, ce qui devait arriver soit à eux, soit à leurs descendants. Il leur prédit comment leur postérité étendrait glorieusement les limites du royaume, défendrait l'Église de JÉSUS-CHRIST, posséderait le sceptre de l'empire romain, et triompherait des attaques des nations étrangères. Elle ne cessera de prospérer, tant qu'elle suivra les voies de la vérité et de la vertu, mais la décadence viendra par l'invasion des vices et des mauvaises mœurs : c'est là en effet ce qui précipite la ruine des empires et des nations. « Pendant cet agréable entretien, ajoute dom Marlot, la nuit s'écoule. »

Enfin, au milieu de l'allégresse de tous les habitants de Reims, se leva le grand jour qui devait faire de la nation franque la fille aînée de l'Église catholique. Ce fut le 25 décembre 496, jour de la fête de Noël. Jamais, depuis son existence, la ville de Reims n'avait été témoin d'une solennité si grandiose; aussi avait-elle déployé toute la pompe imaginable pour la célébrer dignement. De riches tapis ornaient la façade des maisons; de grands voiles brodés tendus à travers les rues y faisaient régner un demi-jour solennel; les églises resplendissaient de tous leurs trésors; le baptistère était décoré avec un luxe extraordinaire, et des cierges innombrables brillaient à travers les nuages de l'encens qui fumait dans les cassolettes. Les parfums, dit le vieux chroniqueur, avaient quelque chose de céleste, et les personnes à qui Dieu avait fait la grâce d'être témoins de ces splendeurs, purent se croire transportées au milieu des délices du paradis.

De l'ancien palais des gouverneurs de la cité, palais

qu'habitait saint Remi et où le roi des Francs avait pris sa résidence, Clovis, suivi d'un cortège vraiment triomphal, s'achemine à travers les acclamations enthousiastes de la foule jusqu'à la cathédrale de Notre-Dame où devait avoir lieu le baptême (1). « Il s'avance le nouveau Constantin, écrit une plume contemporaine, il s'avance vers la piscine baptismale pour se guérir de la lèpre du péché, et les vieilles souillures vont disparaître dans les jeunes ondes de la régénération. » Ce fut un défilé processionnel, selon tout l'ordre du rituel ecclésiastique. En tête venait la croix, suivie des livres sacrés portés par des clercs ; puis venait le roi Clovis dont l'évêque tenait la main, comme pour lui servir de guide vers la maison de Dieu. Derrière lui marchait Clotilde, la triomphatrice de cette grande journée ; elle était accompagnée de Théodoric, le fils

---

1. En quel lieu précis s'est accompli le baptême de Clovis ? Un érudit rémois, M. L. Demaison, archiviste de la ville, a fait sur ce point d'histoire locale une étude très intéressante, dont nous nous contenterons de citer les conclusions : « Clovis, selon toute vraisemblance, a reçu le baptême dans un baptistère attenant à la cathédrale qui existait de son temps, à celle que saint Nicaise avait bâtie en l'honneur de la sainte Vierge. (La cathédrale actuelle occupe la place de l'ancienne église dédiée à Notre-Dame par saint Nicaise.) C'est bien là le *templum baptisterii* désigné par Grégoire de Tours dans son récit de la conversion de Clovis. Toutes les présomptions sont en faveur de cette assertion ; pour la combattre, il faudrait avoir des preuves ; or on n'en découvre nulle part. Notre opinion est d'ailleurs ancienne : ceux qui se défient des nouveautés introduites par la critique moderne, aimeront à constater qu'elle était déjà admise au IXe siècle. Louis le Pieux, dans un diplôme donné à l'archevêque Ebbon, entre les années 817 et 825, pour lui permettre d'employer les pierres des murs de Reims à la reconstruction de la cathédrale, rappelle que Clovis, son prédécesseur, a été dans cette église régénéré par le baptême.

« En quel endroit au juste s'élevait le baptistère ? Nous ne sommes pas en mesure de répondre à cette question. On lit dans une continuation de la chronique de Flodoard que l'archevêque Adalbéron fit détruire, en l'année 976, un ouvrage muni d'arcades, qui était près des portes de l'église Notre-Dame de Reims, et sur lequel se trouvait un autel dédié au Saint Sauveur, et des fonts d'un admirable travail. On a voulu y reconnaître le baptistère primitif, mais rien n'est moins sûr…. Quoi qu'il en soit, on peut supposer d'une façon générale que l'emplacement du baptistère était compris dans les limites de la cathédrale actuelle, qui a embrassé dans sa vaste étendue tout l'espace occupé par l'ancienne cathédrale, et par une partie des constructions voisines. »

aîné du roi, et des princesses ses sœurs, Alboflède et Lanthilde, celle-ci arienne, celle-là plongée jusqu'alors dans les ténèbres du paganisme. Trois mille Francs, parmi lesquels toute la garde du roi, et un certain nombre d'autres hommes libres de son armée, s'acheminaient à la suite du monarque, et venaient, comme lui, reconnaître pour chef suprême le Dieu de Clotilde. Les litanies de tous les Saints alternaient avec les hymnes les plus triomphales de l'Église et retentissaient à travers la splendeur de la ville en fête comme les chants des demeures célestes. « Est-ce là, saint père, aurait demandé Clovis à saint Remi, le royaume du Ciel que tu m'as promis ? — Non, aurait répondu le Pontife, mais c'est le commencement du chemin qui y conduit. »

Arrivé sur le seuil du baptistère où les évêques réunis pour la circonstance étaient venus à la rencontre du cortège, ce fut le roi qui, le premier, prit la parole et demanda que saint Remi lui conférât le baptême. « Doux Sicambre, répondit le confesseur, incline humblement la tête, adore ce que tu as brûlé, brûle ce que tu as adoré. » Et la cérémonie sacrée commença aussitôt avec toute la solennité qu'elle a gardée à travers les siècles. Répondant aux questions liturgiques de l'officiant, le roi déclara renoncer au culte de Satan, et fit sa profession de foi catholique, dans laquelle, en conformité des besoins spéciaux de cette époque tourmentée par l'hérésie arienne, la croyance à la très sainte Trinité était formulée d'une manière particulièrement expresse. Ensuite, descendu dans la cuve baptismale, il reçut la triple immersion sacramentelle au nom du Père, du Fils et de l'Esprit-Saint. Au sortir du baptistère, on lui administra encore le sacrement de confirmation, selon l'usage en vigueur dans les baptêmes d'adultes. Les personnages princiers

BAPTÊME DE CLOVIS,
d'après une ancienne gravure.

furent baptisés après le roi; Lanthilde, qui était déjà chrétienne, n'avait pas besoin d'être rebaptisée, et on se borna à la confirmer selon le rite catholique. Quant aux trois mille Francs qui se pressaient sous les voûtes sacrées, il est probable que le sacrement leur fut conféré selon le mode de l'aspersion déjà pratiqué à cette époque. Tous les baptisés revêtirent ensuite la robe blanche, en signe de l'état de grâce où ils entraient, par la vertu de la régénération.

La légende n'a pas voulu laisser passer le souvenir de la journée du 25 décembre 496 sans y suspendre ses festons, et pendant longtemps le peuple n'a connu le baptême de Clovis qu'à travers ses récits merveilleux. On racontait qu'au moment de baptiser le roi, saint Remi s'aperçut que le chrême qui devait être, selon les prescriptions liturgiques, versé dans l'eau aussitôt après la bénédiction de celle-ci, faisait défaut, parce que le prêtre chargé de l'apporter n'avait pu se frayer un passage à travers les flots de la multitude qui se pressait aux abords. Alors le saint évêque leva les yeux au ciel dans une supplication émue, et voilà qu'une colombe, tenant dans son bec une ampoule remplie du baume précieux, descendit jusqu'à lui, la laissa tomber dans ses mains et disparut. Telle était, dès le IXe siècle, la tradition rémoise. Plus tard, lorsque l'usage se fut introduit de sacrer les rois de France, on se persuada que le chrême miraculeux avait été apporté du ciel, non pour le baptême, mais pour le sacre de Clovis, et cette croyance a valu à l'église de Reims l'honneur de sacrer tous les rois.

Immense fut dans tous les milieux l'effet produit par le baptême de Clovis. Partout où la vie chrétienne avait ouvert les yeux aux hommes sur les intérêts généraux, on comprit que quelque chose de grand venait de se passer. Les populations catholiques du

royaume franc se sentirent relevées et rassurées ; elles
pouvaient regarder l'avenir en face, maintenant que la
framée de Clovis faisait la garde autour de leurs
sanctuaires ; elles étaient désormais, sous tous les rapports, les égales des barbares qui partageaient leur
foi et qui se rangeaient sous la houlette des mêmes
pasteurs. La journée de Reims mettait le sceau à la
conquête de la Gaule.

Quant à l'Église catholique, elle célébrait un de ses
plus éclatants triomphes. Hier encore, elle était, dans
le monde entier, une société d'inférieurs, et il semblait
que pour avoir quelque titre à commander aux peuples,il fallut posséder la qualité d'hérétique.Aujourd'hui,
par un vrai coup de théâtre, la situation était brusquement renversée, et la conversion des Francs apportait
à l'Église l'émancipation et la souveraineté (1).

IV.

La vieille Église des Gaules tressaille de joie ; elle
se félicite de voir régner le Christ en la personne du
premier roi très chrétien. C'est saint Avit, l'évêque de
Vienne, qui lui écrit immédiatement après son baptême : « Votre foi est notre victoire... Vous n'avez
« voulu conserver de l'héritage de vos ancêtres que
« leur noblesse. S'ils ont fait de grandes choses, vous
« en faites de plus grandes. Vous avez appris de vos
« aïeux à régner sur la terre : vous apprenez à vos
« descendants à régner dans le ciel. Que l'Orient se
« félicite d'avoir un prince de notre sainte loi ; il
« n'est plus seul à avoir ce bonheur. Voici une nou-
« velle lumière qui s'élève dans la personne d'un ancien
« roi de notre Occident. Et, certes, ce n'est pas sans
« mystère qu'elle a commencé à luire le jour de la

1. GOD. KURTH, *Clovis*, pp. 327 et seq.

« naissance du Rédempteur. Il était convenable que
« vous fussiez régénéré dans l'eau du baptême le jour
« où le Seigneur du ciel naquit sur la terre pour le
« salut du monde... Je voudrais mêler à votre éloge
« quelques mots d'avis et d'exhortation s'il y avait
« quelque chose qui vous fût inconnu ou que vous
« n'eussiez point la volonté de pratiquer. Mais prêche-
« rai-je la foi à celui qui a été confirmé dans cette foi,
« et qui l'a connue auparavant sans le secours des
« prédicateurs?... Exhorterai-je à la clémence celui
« dont un peuple de captifs mis en liberté annonce la
« miséricorde? Il n'y a qu'une chose, grand prince, que
« je souhaiterais pour augmenter votre gloire : c'est
« que le Seigneur voulût bien se servir de votre minis-
« tère pour gagner à la foi toute votre nation... Vos
« sujets ne sont pas les seuls qui prennent part à votre
« succès. Ce bonheur nous touche aussi, car chacun de
« vos combats est pour nous une victoire. »

Voilà des paroles bien dignes d'un grand évêque,
l'émule de saint Remi dans le midi de la Gaule. Aimant
son Dieu et sa patrie, tout en se félicitant de l'acquisi-
tion d'une recrue telle que le roi des Francs, c'est lui
surtout qu'il félicite ; c'est lui qui gagnait le plus à sa
conversion ; c'est sa puissance, à lui, qui s'étendait et
se consolidait : « Votre foi est notre victoire ! » Cela
veut dire : Votre conversion est un triomphe obtenu
par nous, Église catholique ; et nous en louons, nous
en remercions l'Auteur de tout bien.

C'est du reste ce qui ressort avec évidence de la
lettre que le Vicaire de JÉSUS-CHRIST sur la terre, le
pape Anastase II, écrit à Clovis, lettre dont la teneur
fait déjà pressentir le grand rôle de la monarchie très
chrétienne : « Notre très glorieux fils, nous vous féli-
« citons de ce que votre conversion a concouru avec
« le commencement de notre pontificat. La chaire de

« saint Pierre pourrait-elle ne pas tressaillir d'allé-
« gresse lorsque le filet que ce pêcheur d'hommes, le
« portier du ciel, a reçu l'ordre de jeter, se remplit
« d'une pêche si abondante ? C'est ce que nous avons
« voulu vous faire savoir par le prêtre Eumérius, afin
« que, connaissant la joie du Père commun, vous crois-
« siez en bonnes œuvres, que vous mettiez le comble
« à notre consolation, que vous soyez notre couronne
« et que l'Église, votre Mère, se réjouisse du progrès
« de ce fils qu'elle vient d'enfanter à JÉSUS-CHRIST,
« son Époux. Glorieux et illustre fils, soyez donc la
« consolation de votre Mère ; soyez-lui pour la soute-
« nir, une colonne de fer,... car notre barque est battue
« d'une furieuse tempête. Mais nous espérons contre
« toute espérance, et nous louons Dieu de vous avoir
« tiré de la puissance des ténèbres pour donner à son
« Église, dans la personne d'un si grand roi, un pro-
« tecteur capable de la défendre contre tous ses enne-
« mis. Daigne aussi le Seigneur continuer à vous
« accorder, à vous et à votre royaume, sa divine pro-
« tection. Qu'il ordonne à ses anges de vous garder
« dans toutes vos voies, et qu'il vous donne la victoire
« sur tous vos ennemis. »

Ainsi qu'on peut le voir par cette lettre du pape au
roi qui vient d'être baptisé, Anastase se contente de
féliciter Clovis et de lui donner des conseils paternels.
Il ne revendique pas la direction des affaires publiques ;
il ne cherche pas dans la personne du prince un instrument docile, comme l'ont affirmé certains historiens
anti-catholiques, mais un appui, un protecteur des
intérêts religieux ; et cette protection doit être récompensée par celle que Clovis recevra de Dieu et de son
Église. Tel est le rapport établi dès le début entre le
Saint-Siège et le roi très chrétien.

Après le règne de Clovis, ces témoignages se multiplieront. Le pape Hormisdas désigne pour son *vicaire* chez les Francs saint Remi de Reims avec cette instruction : « Tout ce qui sera établi dans ce royaume « pour la foi et la vérité, ou ordonné par votre pré- « voyante disposition, ou confirmé par l'autorité de « votre personne, vous le ferez parvenir à notre con- « naissance par une relation détaillée. »

C'est ainsi que saint Remi de Reims fut honoré du titre glorieux de vicaire du Pape et de primat des Gaules.

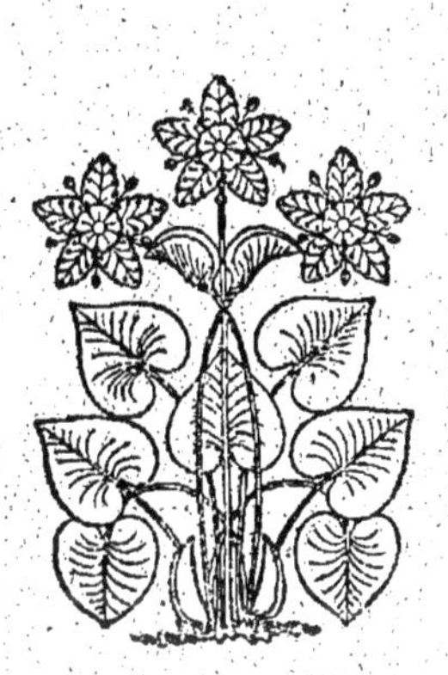

CHAPITRE V.

Relations de saint Remi avec Clovis après son baptême. — Mort d'Abloflède, sœur de Clovis, lettre de saint Remi. — Concile d'Orléans (511). — Saint Remi et l'évêque arien.

I.

CLOVIS baptisé par saint Remi est bien devenu le roi. Il règne définitivement sur toute la Gaule septentrionale. Que son front ait été marqué de l'huile miraculeuse renfermée dans la sainte ampoule de Reims, comme la tradition le rapporte, qu'il ait été matériellement sacré, ou que saint Remi l'ait seulement baptisé, en lui disant : « Courbe doucement la tête, ô Sicambre, » il a reçu une consécration assez puissante pour légitimer à jamais son gouvernement. Les Francs l'ont acclamé ; les Gallo-Romains l'ont adopté ; l'Église, par la voix de son chef suprême, le pape Anastase, et de saint Avit, évêque de Vienne, dont les lettres de félicitations sont des actes significatifs, l'a couronné premier roi de France, premier roi très chrétien. La monarchie est désormais fondée.

On a beaucoup disserté sur les véritables motifs de la conversion de Clovis. Certains historiens n'ont pas manqué d'y voir un calcul politique. Rien ne le prouve, et tout prouve au contraire que le roi des Francs fut sincère. Sa conduite antérieure, ses hésitations, ses scrupules ne permettent de voir dans sa détermination ni un acte irréfléchi ni un manque de conscience. Encore moins peut-on voir un calcul intéressé dans l'empressement de ses guerriers. Seuls les convaincus le suivirent au nombre de plus de trois mille, suivant Grégoire de Tours, de six mille, suivant un autre auteur qui compte peut-être les femmes et les enfants.

Mais ce n'était pas là tout le peuple franc, et il restait encore à saint Remi et à ses disciples à en convertir une bonne partie qui ne se rendit que peu à peu aux raisonnements et à l'éloquence des prédicateurs de l'Évangile.

Le roi Clovis devait bientôt être éprouvé dans ses plus chères affections. Quelque temps après son baptême, sa sœur Alboflède, qui, dit-on, avait embrassé la vie religieuse après sa conversion, fut enlevée à sa tendresse. En apprenant cette nouvelle, saint Remi se hâta de lui envoyer un de ses prêtres avec une lettre de condoléances dans laquelle, tout en s'excusant de ne pas aller le trouver en personne, il se disait prêt, au premier appel du roi, à se mettre en route, malgré la rigueur du climat, pour se rendre auprès de lui.

« Je suis accablé moi-même, lui écrivait le saint
« évêque de Reims, par la douleur que vous cause la
« mort de votre sœur Alboflède, de glorieuse mémoire.
« Mais nous avons de quoi nous consoler en pensant
« que celle qui vient de quitter cette vie mérite plutôt
« d'être enviée que pleurée. Elle a vécu de manière à
« nous permettre de croire que le Seigneur l'a prise
« auprès de lui, et qu'elle est allée rejoindre les élus
« dans le ciel. Elle vit pour votre foi chrétienne, elle a
« maintenant reçu du Christ la récompense des vierges.
« Non, ne pleurez pas cette âme consacrée au Seigneur ;
« elle resplendit sous les regards de Dieu dans la fleur
« de sa virginité, et elle porte sur la tête la couronne
« réservée aux âmes sans tache. Ah ! ne pleurons pas
« celle qui a mérité de devenir la bonne odeur du
« Christ, et de pouvoir, par lui, venir au secours de ceux
« qui lui adressent des prières. Chassez donc, seigneur,
« la tristesse de votre cœur, et dominez les émotions
« de votre âme : vous avez à gouverner avec sagesse,
« et à vous inspirer de pensées qui soient à la hauteur

« de ce grand devoir. Vous êtes la tête des peuples et
« l'âme du gouvernement : il ne faut pas qu'ils vous
« croient plongé dans l'amertume de la douleur, ceux
« qui sont habitués à vous devoir toute leur félicité.
« Soyez donc vous-même le consolateur de votre âme ;
« veillez à ce qu'elle ne se laisse pas enlever sa vigueur
« par l'excès de la tristesse. Croyez-le bien, le Roi des
« cieux se réjouit du départ de celle qui nous a quittés,
« et qui est allée prendre sa place dans le chœur des
« vierges. »

Clovis retrouvait dans la voix de Remi l'accent
qu'avait déjà celle de Clotilde, lorsque, devant le cadavre de son premier-né, elle s'était montrée si pleine de
résignation et de confiance dans le Dieu qui la frappait.
Il entendait des choses que les pontifes païens ne lui
avaient jamais dites, et il éprouvait pour la première fois
ce qui entre de consolation et d'espérance dans les
deuils chrétiens. Si quelque chose dut compléter son
éducation religieuse, ce furent les leçons de la douleur
tempérées par les promesses de la foi.

Saint Remi n'oubliait pas dans ses relations avec
Clovis qu'il était le père des pauvres, des malheureux,
des prisonniers ; ce fut donc sur son conseil que le roi
des Francs, après son baptême, ouvrit les prisons et
pardonna aux criminels qui y étaient renfermés. Nous
verrons plus loin, en citant quelques canons du concile
d'Orléans, les mesures qui furent prises par le roi de
concert avec les évêques pour la bonne administration
du pays. Les historiens nous ont conservé le souvenir
d'un fait qui marque bien la puissance de l'intercession
du saint évêque de Reims.

Euloge, seigneur d'Épernay, s'était rendu coupable
du crime de lèse-majesté. En vain ses amis et les principaux seigneurs de la cour avaient intercédé pour lui
auprès de Clovis, le prince refusait de faire grâce.

Euloge se jette alors entre les bras de saint Remi, et le conjure de plaider en sa faveur. Le saint évêque va trouver le roi, et obtient à son protégé, non seulement la vie, mais encore la conservation de tous ses biens. Plein de reconnaissance d'un si grand bienfait, Euloge offrit à son généreux protecteur, en toute propriété, la ville d'Épernay qui lui appartenait. Mais le prélat ne voulut pas recevoir un salaire temporel pour prix de son intercession ; car voyant cet homme tout confus de son crime, et résolu à l'expier par la pénitence en quittant le siècle, il fixa à cinq mille livres d'argent le prix des propriétés d'Euloge, les lui remit, et fit don à l'Église de ces terres qu'il avait acquises en son nom. Par ce bon exemple laissé aux évêques et aux prêtres, ajoute le narrateur, il leur apprend que lorsqu'ils intercèdent pour ceux qui se réfugient dans le sein de l'Église ou auprès des serviteurs de Dieu, ou lorsqu'ils leur rendent quelque service, ils ne doivent pas le faire en vue d'une récompense temporelle ni recevoir des biens passagers ; mais au contraire, suivant le commandement du Seigneur, s'attacher à donner gratuitement ce qu'ils ont reçu gratuitement.

Clovis avait fixé son séjour dans la ville de Soissons ou dans les fermes royales qui n'étaient pas trop éloignées de cette ville, telles que Juvigny et Crouy. C'est là que les traditions du temps nous montrent ce roi au repos, après ses expéditions guerrières contre les Burgondes ou contre les Visigoths ariens, dans une de ces vastes exploitations agricoles, menant cette existence de grand propriétaire rural qui, jusqu'à la fin de la dynastie, restera celle de ses descendants. C'est là que saint Remi venait souvent le visiter à la prière de la reine Clotilde, car le prince aimait beaucoup la société et la conversation de notre Saint. Mais, dit Flodoard (1),

---

1. FLODOARD, *Histoire de l'Église de Reims*, liv. I, chap. 14.

comme le saint homme n'avait dans le voisinage d'autre propriété qu'une petite métairie donnée à saint Nicaise, le roi, d'après les conseils de la reine et sur la demande des habitants qui aimaient mieux être sous la protection de l'Église de Reims, — il faisait déjà bon en ce temps-là à *vivre sous la crosse,* — le roi offrit à saint Remi de lui donner tout le terrain qu'il pourrait parcourir, tandis que lui-même prendrait son repos de midi. Saint Remi partit donc, et, suivant les limites que l'on voit encore aujourd'hui, ajoute le chroniqueur du Xe siècle, laissa partout des marques de son passage. Tandis qu'il fixait ces limites, il fut repoussé par un meunier qui ne voulait pas que son terrain y fût renfermé : « Mon ami, lui dit avec douceur l'homme de Dieu, ne trouvez pas mauvais que nous possédions ensemble ce moulin. » Mais le meunier repoussa sa demande, et aussitôt la roue du moulin se mit à tourner dans le sens contraire. Alors le brutal crie à saint Remi : « Serviteur de Dieu, venez et possédons ensemble le moulin. — Il n'appartiendra plus ni à vous ni à moi, » répondit le saint homme. Et la terre s'étant entr'ouverte, il s'y forma un abîme si profond, que jamais dans la suite on n'y put établir de moulin.

Il fut encore repoussé par quelques paysans qui voulaient empêcher de comprendre un petit bois dans les limites de ses possessions. Le serviteur de Dieu défendit que, malgré la proximité, aucune feuille, aucune branche ne tombât de ce bois dans son enclos, et Dieu permit que cet ordre s'accomplît tant que subsista le bois.

De là il arriva à un village nommé Chavignon. Comme il voulait l'enclore dans ses domaines, les hommes du village s'y opposèrent. Alors saint Remi, tantôt reculant, tantôt revenant, sans rien perdre de la douceur de son visage, traça sur son passage les marques que l'on voit encore. Enfin, se voyant repoussé, il leur dit : « Travaillez toujours et supportez la misère. » Telle est la force de cet arrêt qu'on en voit encore l'exécution aujourd'hui, dit Flodoard.

Après avoir fait sa méridienne, le roi se lève, et par une charte royale, fait don à saint Remi de tout ce qu'il avait enfermé dans sa ligne d'enceinte. Les principaux lieux sont Jouy et Coucy que possède encore l'Église de Reims, sans aucune contestation (1).

A tous ces détails pleins de charme donnés par Flodoard, dom Marlot ajoute que l'archevêque Hincmar assure que le roi et les principaux d'entre les Francs ne sachant comment récompenser saint Remi pour tout le bien qu'ils en avaient reçu « lui firent présent de plusieurs belles terres et possessions sises en diverses provinces », et que le Saint les accepta volontiers. Mais, ajoute-t-il, il s'empressa de les distribuer aux églises, aux hôpitaux, et en particulier à Notre-Dame de Laon. Il s'en servait aussi pour assister les pauvres et rétablir les églises ruinées dans la campagne. Jamais il ne permit qu'on fît aucun présent à son Église de Reims, avant d'avoir réparé tous les dommages faits aux autres églises : nous ne ferons d'exception que pour un vase d'or qui servit à faire un magnifique calice dont il est parlé dans le *Testament* de saint Remi.

Les fils de Clovis eurent pour la personne du grand évêque de Reims le même respect et la même vénération que leur père. Saint Remi les avait tous baptisés, ainsi que nous le voyons par la seconde partie de son *Testament*, dans lequel après avoir fulminé l'anathème contre ceux qui détruiraient ou usurperaient les biens qu'il avait laissés à son Église, il ajoute : « J'excepte (de cette excommunication) le

---

1. FLODOARD, *Histoire de l'Église de Reims*, liv. I, chap. 14.

sang royal que j'ai baptisé et consacré au Seigneur.»
Une charte d'Othon nous apprend que Clodomir, roi
d'Orléans, fit présent à saint Remi de plusieurs sei-
gneuries dans les Vosges en reconnaissance des services qu'il en avait reçus. Plus loin, en parlant de la
résurrection de la fille de Théodoric, roi d'Austrasie
et souverain de tout le pays rémois, nous verrons
encore les aimables relations du vénérable évêque avec
ce prince « qui passait, dit dom Marlot, une partie de
l'année à Reims, pour jouir de la douce conversation de
notre saint prélat et régler sa conscience suivant ses
conseils. »

II.

Pour affermir la foi dans les Gaules et y accroître
le règne de Dieu, une grande œuvre était nécessaire,
et saint Remi, malgré son grand âge, s'y employa de
toutes ses forces. Les conciles, dont je veux parler,
ont été les grands législateurs de cette période de
formation : la solidité de notre foi, la discipline, les
mœurs, la délimitation des pouvoirs, la liberté et la
sécurité du peuple sont sorties de leurs travaux per-
sévérants.

En 511, sur le conseil de saint Remi, le roi Clovis,
afin de couronner utilement son règne glorieux, con-
voqua à Orléans un concile que nous pouvons appeler
national. Tous les évêques du royaume y furent appe-
lés, et même ceux des pays encore indépendants.
Saint Remi, vicaire du Souverain Pontife en France,
conseiller intime du roi, était naturellement désigné
pour présider ces grandes assises pacifiques organisées
par lui : c'était comme la dernière pierre du nouvel
édifice monarchique posée par cet habile et vaillant
maçon, avant d'aller rendre compte de son œuvre à

l'Architecte divin. Mais les infirmités et la vieillesse l'en empêchèrent, et le saint prélat députa pour y assister Loup de Soissons, Edibius d'Amiens, Sophronius de Vermand et Livanius de Senlis, tous évêques de sa province.

Les canons du concile d'Orléans portent principalement sur des matières ecclésiastiques ; cependant les intérêts civils et politiques sont tellement mêlés ici aux intérêts religieux, qu'on peut regarder ces statuts comme un ensemble de réformes prises de concert par le roi et les évêques pour la bonne administration du pays. Voici le résumé des plus remarquables de ces lois dans lesquelles on sent planer la grande âme et la sainteté de celui qui avait baptisé la France, et la grandeur et la prospérité de notre beau pays auraient tout intérêt à les voir remises en pratique :

« Les revenus des terres que le roi aura données, ou pourra dans la suite donner avec immunité, seront employés aux réparations des églises, à la subsistance des évêques et des pauvres, et au rachat des captifs. Si quelque évêque en fait un autre usage, il sera réprimandé publiquement par ses comprovinciaux, et, s'il ne tient pas compte de la réprimande, les évêques se sépareront de sa communion.

« Il est défendu sous peine d'excommunication aux abbés, aux prêtres et aux autres clercs d'aller à la cour solliciter des bénéfices sans le consentement et la recommandation de leurs évêques.

« Suivant les anciens canons, l'évêque aura la moitié des offrandes que les fidèles feront à l'autel (dans la cathédrale) ; l'autre moitié sera partagée aux clercs selon leurs grades. Il n'aura que le tiers des offrandes faites à l'autel dans les paroisses. Mais les terres, les vignes et même l'argent que les fidèles donneront aux paroisses, seront sous la puissance épiscopale.

« L'évêque doit nourrir et vêtir, autant qu'il le pourra, tous les pauvres et les infirmes qui ne peuvent pas travailler.

« Toutes les églises dépendront de l'évêque sur le territoire duquel elles sont construites.

« Si un évêque donne à des clercs ou à des moines quelques terres ou vignes à cultiver ou à posséder pour un temps, ces biens reviendront à l'Église, quelque espace de temps qui se soit écoulé ; la prescription qui est en usage selon les lois civiles n'aura pas lieu pour les biens ecclésiastiques.

« Tous les évêques ont ordonné que le carême soit de quarante jours, et non de cinquante.

« Les habitants des villes ne pourront célébrer dans leurs maisons de campagne les fêtes de Pâques, de Noël et de la Quinquagésime (c'est-à-dire de la Pentecôte), à moins qu'une infirmité ne les y retienne.

« Le peuple ne sortira pas de la messe avant la fin et sans avoir reçu la bénédiction de l'évêque, s'il est présent.

« Les Rogations seront célébrées dans toutes les églises les trois jours qui précèdent l'Ascension ; on jeûnera ces trois jours, et les esclaves mêmes ne travailleront pas.

« Ceux qui pratiquent les augures, ou ce qu'on nomme à tort les *sorts des saints* (prédictions à l'aide des livres sacrés) sont excommuniés.

« L'évêque se trouvera, le dimanche, à l'église dont il est le plus proche, à moins qu'il n'en soit empêché par une maladie. »

Ces canons rédigés en commun furent envoyés au roi avec la lettre suivante :

« A leur seigneur le très glorieux roi Clovis, fils de l'Église catholique, tous les évêques assemblés en concile par son ordre.

« Comme c'est l'ardeur de votre zèle pour le culte de la religion catholique et de la foi qui vous a porté à faire assembler un concile dans lequel nous puissions traiter ensemble, comme il convient à des évêques, de plusieurs points nécessaires, nous vous envoyons les réponses que nous avons jugé à propos de faire aux articles que vous nous avez proposés. Si vous jugez ces règlements dignes de votre approbation, l'autorité d'un si grand roi, d'accord avec celle de tant d'évêques, en assurera l'observation. »

Cette lettre, ajoutée par les Pères d'Orléans au résultat de leurs délibérations, est encore plus importante que le reste. Elle nous montre l'accord intime établi dès lors entre l'Église et le pouvoir civil ; elle nous montre la sanction royale donnée aux règlements de l'autorité religieuse et désirée, demandée par les prélats eux-mêmes ; elle nous montre, enfin, les canons du concile d'Orléans devenant par là lois de l'État. C'est là, on peut le dire, l'avènement d'un grand système. L'alliance du sacerdoce et de la royauté, l'union de l'État et de l'Église, qui devait porter de si heureux fruits au moyen âge, la voilà fondée, la voilà inaugurée, et par qui ? par un barbare à peine sorti des forêts du nord, et qui vient d'être baptisé dans la piscine de Reims. Mais est-ce vraiment un barbare, et n'est-ce pas plutôt un habile et profond politique (1) ?

---

1. Lecoy de la Marche, *La fondation de la France*, Ire Partie, chap. III, § 1.

III.

Un des plus grands soucis de saint Remi était non seulement la grandeur et la prospérité de la France, mais encore, en vertu des pouvoirs qu'il avait reçus des papes Anastase et Hormisdas, il devait veiller à la pureté de la foi catholique en luttant contre les Ariens qui occupaient le midi de la Gaule. Cette hérésie arienne avait causé dans l'Église les divisions les plus lamentables et les persécutions les plus violentes. Sans doute, le roi Alaric, un de leurs principaux chefs, avait été battu et tué par Clovis à la bataille de Vouillé (507). Mais ce n'est pas avec les armes que l'on change les cœurs, et prêtres et évêques devaient par leurs exhortations et leurs vertus changer les âmes. C'est dans ce but que saint Remi, sur la demande des évêques, à cause de sa grande réputation de science et de sainteté, se rendit à un concile assemblé dans une ville dont l'histoire ne nous a pas conservé le nom. C'est dans cette assemblée qu'arriva le miracle rapporté par l'archevêque Hincmar.

Les pères étant rassemblés pour condamner l'erreur des ariens, un de leurs évêques eut la témérité de s'y trouver afin d'y défendre l'hérésie en niant la divinité de Notre-Seigneur Jésus-Christ. C'était un homme très ardent à la dispute, plein de confiance dans les raisonnements de la sagesse humaine : ce dont il tirait une vanité excessive. Saint Remi à son entrée au synode, fut accueilli avec respect par tous les évêques, comme un ange envoyé du ciel ; seul l'orgueilleux hérétique ne daigna même pas se lever et demeura immobile sur son siège.

Mais Dieu permit, dit dom Marlot[1], que l'ombre seule

---

1. Dom Marlot, *Histoire de la ville, cité et université de Reims*, liv. V, chap. 19.

de saint Remi fit éclipser les bleuettes (raisons) dont
il se croyait fort éclairé, et que même il perdit l'usage
de la parole en punition de son orgueil : car notre prélat étant assis, et ayant fait l'ouverture du concile par
une docte et ravissante exhortation, en laquelle il mêla
quelques raisons pour confondre l'arianisme, on attendait que l'évêque arien répondît, suivant le dessein
qu'il avait manifesté. Mais ayant perdu l'usage de la
langue, il ne put dire un seul mot, au grand étonne-
ment de l'assemblée. Alors, tout confus, il se jette aux
pieds de saint Remi, et par signes lui demande humblement pardon de son insolence. Le saint prélat lui
dit : « Si tu crois sincèrement la divinité du Fils de
Dieu, parle, et confesse ce que croit et publie l'Église
universelle. » Et l'évêque arien, recouvrant la parole,
affirma sa croyance au mystère adorable de la sainte
Trinité, confessa publiquement l'égalité des personnes
divines, particulièrement celle du Fils dans le mystère
de l'Incarnation, et promit de persévérer dans la con-
fession de sa foi.

Ainsi, conclut Flodoard, cet homme qui avait
perdu son âme par l'infidélité, et qui justement con-
damné pour son orgueil avait été privé de la voix,
recouvra par la vertu de Dieu et les mérites du vénérable pontife la santé de l'âme et celle du corps. Dans
cet homme qui professait de si graves erreurs contre la
personne de ce JÉSUS qui, par amour pour les hommes,
a bien voulu se faire notre prochain et notre frère,
saint Remi a montré clairement, tant aux prêtres présents au synode qu'à ceux qui dans la suite auraient
connaissance de ce miracle, comment ils doivent traiter les hommes coupables envers Dieu et envers
l'Église, et ceux qui reconnaissant leurs erreurs en font
pénitence.

I.

DANS le chapitre second de cette *Vie de saint Remi*, après avoir esquissé, d'après les historiens, le portrait physique de l'illustre évêque à l'époque de sa promotion à l'épiscopat, nous avons déjà dit quelques mots de ses vertus et des prodiges que le Seigneur accorda à son intercession. Il nous semble utile, et même nécessaire, de donner en ce moment une vue d'ensemble des vertus et des miracles de l'Apôtre des Francs. Choisi par Dieu pour accomplir de si grandes choses, prévenu dès l'enfance de grâces toutes particulières, saint Remi, pendant sa longue vie, devait être l'ouvrier infatigable de l'œuvre divine.

Dès qu'il eut été revêtu de la dignité épiscopale, il était bien jeune encore ayant à peine vingt-trois ans, l'évêque de Reims crut qu'il devait plus que jamais travailler à sa perfection particulière, afin de se mettre plus en état d'être utile aux autres, et d'acquérir toutes les vertus nécessaires à bien remplir les obligations de son ministère.

L'humilité est comme le fondement et la base de toute la vie chrétienne et sacerdotale. Saint Remi commença donc par l'humilité, persuadé, suivant la maxime du Sauveur, que, plus il était élevé en dignité, plus il devait s'humilier. Illustre devant les hommes par les grâces extraordinaires que le Seigneur répandait visiblement sur lui, il cherchait à s'abaisser à ses propres yeux ; se regardant comme un pécheur, dont Dieu, disait-il, se servait pour faire éclater davantage sa puissance par la faiblesse de l'instrument qu'il employait.

Il entretenait en son âme cet humble sentiment qu'il avait de lui-même par la contemplation constante de la grandeur de Dieu. Assidu à la prière, il y passait plusieurs heures du jour et de la nuit ; et après avoir goûté des délices ineffables dans ses communications avec Dieu, il se hâtait de faire part aux autres des biens qu'il avait puisés à cette source divine, parlant à Dieu, dit Hincmar, et parlant de Dieu avec ce transport que la grâce seule peut donner à ceux qui ont goûté combien le Seigneur est doux. Jouissant du privilège accordé à saint Jean Chrysostome qui avait souvent le bonheur de s'entretenir avec l'apôtre saint Paul lui expliquant les passages les plus difficiles des Saintes Écritures, saint Remi fut aussi honoré dans ses oraisons de la visite des princes des Apôtres, saint Pierre et saint Paul. Il apprenait d'eux à traiter avec la divine Majesté, et par leur médiation il offrait ses prières à Notre-Seigneur pour son peuple. Faut-il s'étonner après cela qu'il ait eu un si grand attachement pour le Saint-Siège et un si grand zèle pour la conversion des barbares et des hérétiques ?

L'esprit intérieur qui l'animait lui rendait agréable l'exercice de la prière, et cet esprit intérieur qui l'unissait à Dieu, s'entretenait par une grande vigilance sur ses sens. Soigneux d'assujettir la chair à l'esprit, il veillait sur tous les mouvements de cet ennemi domestique, et de peur qu'après avoir prêché aux autres, il ne s'exposât à être réprouvé lui-même, il mortifiait son corps par la pénitence, le jeûne et les veilles. Comme l'oisiveté était à ses yeux le plus dangereux ennemi de notre salut, il était toujours occupé à prier, à méditer ou à procurer la consolation et le soulagement des âmes que Dieu lui avait confiées.

Comme nous l'avons déjà vu, cette vie austère ne le rendait ni triste ni désagréable. Il aimait à s'amuser innocemment avec ceux qui l'approchaient de plus près, et après un repas très frugal, il se plaisait à donner à manger à de petits oiseaux qui venaient prendre leur nourriture dans sa main comme s'ils étaient apprivoisés, car, disent les historiens de sa vie, son innocence était semblable à celle de nos premiers parents dans le Paradis terrestre, et les animaux n'avaient point de peine à se familiariser avec lui.

Le saint prélat était la joie et la consolation de ses ouailles. Comme c'était son principal devoir, il s'y appliquait d'une façon toute particulière, et Dieu lui avait donné pour cela un talent admirable : un air insinuant, une affabilité charmante, des manières simples et distinguées qui lui attiraient la confiance de tous. Grands et petits le regardaient comme leur père et recouraient à lui dans tous leurs besoins ; une parole de Remi, dit Hincmar, dissipait leurs chagrins et répandait la joie dans tous les cœurs. Il gouvernait son peuple avec autant de bienveillance que de fermeté, sachant admirablement tempérer la sévérité par la douceur, et mêler, suivant la parole de l'Esprit-Saint, le vin avec l'huile dans la guérison du malade. Plein de zèle pour maintenir la discipline de l'Église dans toute sa vigueur et sa pureté, il punissait avec sévérité ceux qui, oubliant la sainteté de leur caractère, donnaient quelque scandale, et, comme nous le verrons plus loin, il soumit à une terrible pénitence son neveu Génebaud, évêque de Laon.

Que dirons-nous de la charité de notre saint prélat ? Naturellement libéral, les pauvres et les malades le trouvaient toujours disposé à les assister, à les soulager, et l'aumône qui accompagnait les instructions qu'il se croyait obligé de leur donner, les rendait plus efficaces. Sa charité s'étendait jusque dans l'avenir, car Dieu lui ayant révélé par une grâce spéciale les besoins futurs de son peuple, il amassait du grain dans les années d'abondance pour le distribuer aux pauvres dans les années de stérilité, et souvent le ciel récompensa par des miracles son inclination à faire du bien.

Si saint Remi mettait tous ses soins à soulager les corps, il n'avait pas moins de souci des âmes qui lui étaient confiées. Le ministère de la prédication en fut l'instrument le plus ordinaire. Comme il était très éloquent et que la grâce qu'il attirait du ciel par la communication qu'il avait avec Dieu, dans une prière continuelle, soutenait admirablement ce don qu'il avait reçu de la nature, on ne saurait dire les surprenants effets que cette éloquence produisait dans les âmes. Nous en avons déjà donné des preuves dans la lettre que lui écrivit l'évêque de Clermont, Sidoine Apollinaire, et dans tout ce que nous avons rapporté de la conversion de Clovis et des Francs. Nous n'y ajouterons qu'un trait qui date du commencement de son glorieux épiscopat.

Quiriac, seigneur de Rethel, encore païen, assistait un jour avec son épouse Quintiane, à la prédication du saint évêque. Ils furent si touchés l'un et l'autre par sa parole ardente, qu'ils résolurent de renoncer au culte des idoles et d'embrasser la religion chrétienne. Ils vinrent donc le trouver et lui demandèrent le baptême. Ils le reçurent avec une grande dévotion, et le saint évêque leur donna au baptême les noms de Rogatien et d'Euphrasie. Pleins de confiance dans les prières de notre Saint et désolés de n'avoir point d'enfant, ils le supplièrent de demander pour eux au Seigneur de leur donner un fils. « Saint père, lui dirent-ils, vous voyez notre affliction, il ne tient qu'à vous de nous consoler. Employez votre crédit auprès de Dieu ; si vous nous obtenez un enfant, nous vous l'abandonnerons, vous en serez le père spirituel, et

Après ses repas, S. Remi se plaisait
à donner à manger aux petits oiseaux.
(D'après les tapisseries anciennes de St-Remi de Reims.)

vous l'élèverez vous-même dans la religion de JÉSUS-CHRIST. » Sensible à leur peine, Remi offrit pour eux ses vœux au ciel et fut exaucé. Ils eurent un fils que le saint prélat baptisa lui-même et auquel on donna le nom d'Arnoul. Ses parents pleins de reconnaissance firent don à saint Remi de tous leurs biens, et quand le jeune Arnoul fut sorti de l'enfance, sa mère vint prier l'évêque de Reims de se charger de son éducation. Celui-ci s'en acquitta avec un si grand zèle et tant de succès, que le jeune homme chéri du roi Clovis épousa une de ses nièces nommée Scariberge. Mais bientôt il la quitta pour travailler au salut des âmes et s'adonner à la conversion des barbares. Promu évêque de Tours quelque temps avant la mort de saint Remi, il abandonna son siège épiscopal pour revenir à Reims, afin d'être le témoin des prodiges que Dieu opérait chaque jour au tombeau de l'Apôtre des Francs. C'est près de ce tombeau qu'il devait bientôt couronner par le martyre une vie toute sainte à l'image de celle de son père spirituel saint Remi. L'Église de Reims célèbre sa fête le 21 juillet.

II.

C'est ainsi que Dieu par des grâces extraordinaires coopérait au salut de ceux auxquels s'intéressait le saint évêque Remi. Un jour, dit Flodoard, qu'il avait préparé un païen à recevoir le baptême, celui-ci étant tombé dangereusement malade, le Saint résolut de le lui conférer au plus tôt. Il se fit donc apporter l'huile des catéchumènes, mais le vase qui devait la renfermer se trouva vide. Remi leva les yeux au ciel, se mit en prière et le vase fut aussitôt rempli. Ce miracle confirma le païen dans sa sainte résolution, ajoute le chroniqueur, il reçut avec le baptême la santé de l'âme et du corps, et devint un fervent disciple de JÉSUS-CHRIST.

Parmi les miracles de saint Remi dont les historiens nous ont conservé la mémoire, nous rapporterons les plus célèbres, ceux surtout dont les tapisseries de Robert de Lenoncourt, précieusement conservées dans la basilique dédiée à notre Saint, et qui servent d'ornement à cette Vie du grand évêque, perpétuent l'inaltérable souvenir [1].

En 480, dit dom Marlot, le démon, jaloux des prospérités que le zèle et les prières du saint prélat attiraient sur les habitants de Reims, alluma dans la ville un immense incendie. Saint Remi faisait alors ses dévotions dans l'église de Saint-Agricole [2], dans un coin de laquelle il s'était fait bâtir une cellule, près du tombeau et des reliques de saint Nicaise et des martyrs des Vandales. Le peuple essaie, mais en vain, d'arrêter les progrès des flammes qui gagnent de toutes parts : bientôt la cité ne sera plus qu'un monceau de ruines. Dans leur détresse, les habitants implorent le secours du saint évêque, et, ne le voyant pas, leur consternation augmente. On le cherche avec empressement, et enfin on le trouve priant dans l'église de Saint-Agricole. On lui apprend la désolante nouvelle, et ce bon Père sensible au malheur de ses chers enfants, redouble ses prières, et levant les yeux et les mains au ciel : « Mon Dieu, mon Dieu, entendez ma voix, » s'écrie-t-il ; et il vole pour s'opposer aux flammes. En ce moment même, dit Hincmar, le Seigneur, pour ranimer sa confiance, lui donna un témoi-

---

1. Voir l'appendice Ier.

2. Cette église de Saint-Agricole avait été bâtie par le consul Jovin, illustre officier gaulois du pays de Reims qui avait servi sous quatre empereurs. Son tombeau en marbre blanc est un des ouvrages les plus entiers et les plus exquis qui nous soient restés de l'antiquité rémoise. Il se trouve actuellement dans le bas-côté du midi de la cathédrale de Reims.

gnage sensible de sa protection ; car descendant les degrés du portail, ses pieds s'impriment sur le pavé et y laissent leurs vestiges, comme s'il eût marché sur le sable ou sur la cire molle. On voyait encore quelques-unes de ces pierres du temps de Flodoard, avant que l'archevêque Gervais n'eût fait rebâtir l'église, et la dévotion des fidèles les a depuis déposées en divers endroits de la ville, pour éterniser le souvenir d'un si admirable secours (1).

La charité qui emporte saint Remi, le fait courir, le fait voler. Il arrive à l'intérieur de la ville, se transporte dans le quartier où le feu faisait le plus de ravages, et s'avançant avec intrépidité vers l'endroit où son activité était plus violente, il lève la main en faisant le signe de la croix devant les flammes, les poursuit et leur commande au nom de Dieu de se retirer. O miracle ! le feu obéit à l'ordre du Saint : toutes ces flammes se ramassent sous forme d'un globe ardent que Remi poursuit toujours. Parvenu à l'une des portes de la ville qui était ouverte, le saint évêque commande au globe de feu de sortir par cet endroit qu'il fit fermer pour toujours. Le respect qu'on avait pour le Saint qui parlait d'un air inspiré, engagea les magistrats à faire murer cette porte qu'on laissait ordinairement ouverte alors que toutes les autres étaient fermées, ce qui lui avait fait donner le nom de *porte ouverte :* mais elle ne s'ouvrit plus depuis cette époque. On raconte qu'un des habitants s'étant plus tard avisé de la faire ouvrir malgré l'ordre du Saint, se vit lui et sa famille assailli de malheurs, et le peuple demeura persuadé qu'on ne peut impunément violer la volonté d'un saint que le ciel aimait jusqu'à lui soumettre les éléments.

1. Cf. DOM MARLOT. *Histoire de la ville, cité et université de Reims*, liv. V, chap. 6.

C'est en souvenir de ce prodige que saint Remi,
après avoir consolé ses enfants, fit bâtir une église au
même endroit, ainsi qu'il est marqué dans son *Testament*. Avant la Révolution, cette église servait de chapelle aux chevaliers de Saint-Jean de Jérusalem, et
au-dessus du grand portail était enchâssée une pierre
carrée couverte d'une inscription relatant ce grand
miracle du saint évêque de Reims.

Le nom de saint Remi et la réputation de ses miracles avaient depuis longtemps franchi les limites de sa
province. Dans toute la Gaule, on connaissait le nouveau thaumaturge. Comme un siècle auparavant saint
Martin de Tours, l'homme de miracles, Remi de Reims
voyait son nom glorieux voler de bouche en bouche à
cause des prodiges qu'il opérait. Un noble seigneur de
Toulouse nommé Benoît, parent d'Alaric, roi des Visigoths, avait une fille possédée du démon. En vain
l'avait-on conduite près d'un saint personnage afin
d'être délivrée, le démon affirma qu'il ne sortirait du
corps de l'enfant que par l'intercession et les mérites
de saint Remi. Benoît vint donc de Toulouse à Reims,
muni de lettres de recommandation du roi des Visigoths, prince arien, mais plein d'estime pour notre
Saint. Il s'adresse à l'évêque, se prosterne à ses pieds
en le conjurant d'avoir pitié de la misère de sa fille
qu'il lui a amenée de si loin. Remi est ému de compas-
sion à la vue d'un si triste spectacle et d'une si grande
confiance, mais son humilité proteste longtemps qu'il
ne peut rien, qu'il n'est qu'un pauvre pécheur ayant
lui-même besoin de prières et de la miséricorde de
Dieu. Le peuple de Reims, convaincu de la puissance
surnaturelle du saint prélat, se joint au père infortuné,
et conjure avec larmes Remi de vouloir bien accorder
ce qu'on lui demandait avec tant d'instance.

Ainsi forcé par les supplications du peuple et les

larmes du père, le cœur de Remi se sent touché. Plein de confiance en Dieu, il fait conduire la jeune fille dans l'église de Saint-Jean-Baptiste, et se met en prières. Puis, comme transfiguré, il commande à l'esprit malin : « Je t'ordonne au nom de JÉSUS-CHRIST de laisser en liberté cette pauvre créature. » Le démon obéit, mais sa rage fut si grande et si intolérables les douleurs qu'il fit éprouver à la jeune fille en se retirant, que celle-ci mourut une heure après.

Pour échapper à l'enthousiasme de la foule et à la reconnaissance du noble Benoît, saint Remi, après avoir chassé le démon, s'était retiré dans sa demeure. On lui apporte la triste nouvelle, et avec une grande simplicité, le Saint se plaint filialement à Dieu. La confiance du peuple n'a pas diminué. « Venez, très saint père, lui dit-on, venez achever ce que vous avez commencé. Le Seigneur ne vous a pas donné moins de pouvoir sur la mort que sur l'enfer ; rendez la vie à cette jeune fille, et consolez un père que son extrême affliction a réduit au désespoir. »

Le Saint se laisse fléchir, suit le peuple qui l'entraîne, retourne à l'église et, se prosternant contre terre, verse un torrent de larmes à la vue du cadavre de l'enfant. « Seigneur, s'écrie-t-il, sera-t-il dit que la puissance de votre nom que vous m'avez inspiré d'invoquer, aura moins contribué à la santé qu'à la mort de cette jeune fille ? Accordez aux prières de ce bon peuple la grâce dont mes péchés me rendent indigne, et après avoir éprouvé la patience de ce père affligé, consolez-le en lui rendant sa fille. » Et, s'approchant du cadavre, il prend la jeune fille par la main : « Levez-vous, lui dit-il, au nom de JÉSUS-CHRIST. » Elle se lève au même moment, et remercie le Seigneur de la double grâce qu'elle a reçue par les prières du serviteur de Dieu. Le noble Benoît, plein de reconnaissance pour un si grand bienfait, fit don à saint Remi de plusieurs terres qu'il possédait dans le midi, ainsi que le saint évêque le déclare d'une façon très nette dans son *Testament* : « Je lègue pour entretenir le luminaire de « mon église les terres que Benoît m'a laissées dans « la Provence, quand, à la prière du roi Alaric qui me « l'avait envoyé, je délivrai sa fille de la servitude du « démon et de la mort, après que, tout pécheur que je « suis, j'eus étendu la main sur elle en invoquant le « Saint-Esprit. »

Le crédit dont jouissait saint Remi auprès de Dieu était si grand que, partout où il passait, on lui amenait les malades, afin qu'il leur imposât les mains et leur rendît la santé. Son zèle pour la conversion des barbares était si actif qu'il sortit de sa province pour aller annoncer la parole de Dieu dans les régions voisines. C'est ainsi qu'il parcourut les montagnes et les forêts des Vosges en répandant partout la lumière de la foi. Toul, Metz et Verdun furent successivement visitées par le saint évêque de Reims. Il passa ensuite sur le territoire de Cologne, et là comme ailleurs, il lui fut donné de recueillir la plus abondante moisson. C'est en ces parages qu'il fit le miracle suivant rapporté par les plus sérieux de ses historiens.

Un bourgeois d'Hydrissen, petite ville près de Cologne, avait légué en mourant une partie de ses biens à l'église de sa paroisse et le reste à son gendre; mais celui-ci refusait d'exécuter les dernières volontés de son beau-père. Saint Remi est pris pour arbitre. Quatre témoins subornés et menteurs viennent affirmer que les titres présentés par l'église sont faux, et qu'il n'y a de vrais que ceux de l'adversaire. Remi ne sachant qui dit la vérité, se fait conduire au lieu où avait été enterré le défunt. Comme autrefois JÉSUS-CHRIST à Lazare, il ordonne au mort de se lever, afin qu'il puisse lui demander quelles ont été ses dernières volontés. Le mort se lève et répond, à la confusion des faux

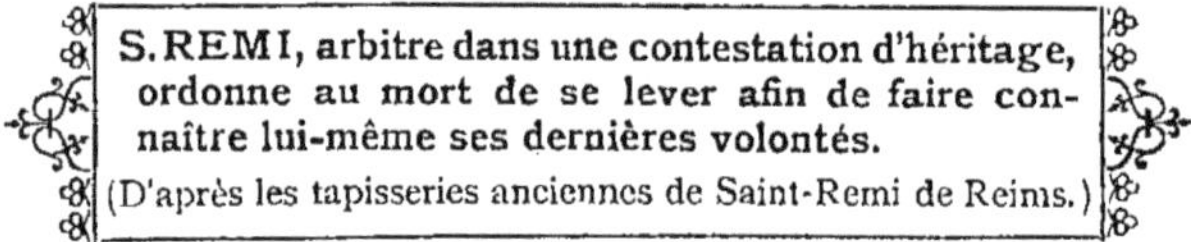

S. REMI, arbitre dans une contestation d'héritage, ordonne au mort de se lever afin de faire connaître lui-même ses dernières volontés.

(D'après les tapisseries anciennes de Saint-Remi de Reims.)

témoins et au grand effroi du gendre qui abandonna à l'église ce qui lui revenait et donna même le reste à l'Église de Reims.

C'est ainsi que saint Remi guérissait les malades, ressuscitait les morts, chassait les démons et commandait à toute la nature ; aussi n'est-ce pas sans raison, dit dom Marlot, qu'on le surnomme le thaumaturge de la France, et l'incomparable ouvrier des miracles de la grâce.

I.

DOM Marlot dans son *Histoire de la ville, cité et université de Reims* ([1]), traitant le même sujet, s'exprime ainsi : « Qui voudrait décrire la vie des saints personnages qui ont vécu à Reims sous la conduite de notre glorieux prélat, serait obligé de faire des légendes qui contiendraient un volume. » Aussi, pour nous borner, nous ne ferons que rappeler les noms des principaux dont nous avons déjà parlé, nous réservant de donner de courts détails sur quelques membres de cette pléiade de saints que Dieu a suscités autour de l'Apôtre des Francs.

L'ermite saint Montan fut chargé d'annoncer à Cilinie qu'elle serait la glorieuse mère de saint Remi ; pour confirmer sa prédiction, il recouvra miraculeusement la vue par les mérites du saint enfant. Il mourut en odeur de sainteté en l'an 450.

Émile et Cilinie, le père et la mère de notre Saint, sont honorés, le premier dans l'Église de Laon au 13 janvier ; sainte Cilinie, morte vers l'an 460, et enterrée à Laurigny, comme le dit le *Testament* de saint Remi, fit de nombreux miracles, et son corps fut rapporté à Reims, où ses reliques sont vénérées tant à la cathédrale que dans la basilique de Saint-Remi où se trouve son chef. Sa fête est célébrée le 20 octobre.

Saint Prince ou Principe, frère de saint Remi, fut évêque de Soissons et mourut vers l'an 486. Il eut pour successeur saint Loup, son neveu, que saint

----

1. DOM MARLOT, liv. V, chap. 20.

Remi aimait tendrement, et dont il parlait avec un grand respect. Il survécut à son saint oncle, car il fut choisi pour exécuter son testament avec le prêtre Agricole, son autre neveu. Saint Loup assista au premier concile d'Orléans et mourut vers l'an 546.

Génebaud, noble gallo-romain et fort instruit dans les lettres, avait épousé la nièce de saint Remi. Bientôt désirant embrasser l'état ecclésiastique, il se sépara volontairement de sa femme qui se retira dans un monastère. Ainsi l'ordonnaient les lois de l'Église. Saint Remi choisit Génebaud à cause de sa science et de ses vertus pour en faire le premier évêque de Laon. Mais, hélas ! le prélat fut infidèle à sa promesse : il rappela son épouse qu'il avait quittée pour l'amour de JÉSUS-CHRIST. Dieu eut pitié de lui et lui fit sentir toute la gravité de son crime. A l'exemple de l'apôtre saint Pierre, il pleura son péché dans toute l'amertume de son âme, et croyant que saint Remi pouvait seul le tirer de l'abîme dans lequel il était tombé, il lui écrivit de venir le trouver pour une affaire importante. Le Saint accourt à Laon, et Génebaud, prosterné à ses pieds, se confesse avec larmes, ôte son étole de son cou pour se dépouiller des marques de sa haute dignité. Remi pleure avec lui, l'encourage dans sa bonne résolution, et le console en lui parlant de l'infinie miséricorde de Dieu ; mais la discipline de l'Église demande qu'il soit sévèrement puni du scandale qu'il a donné à son peuple. Génebaud est prêt à tout, il fera la plus rigoureuse des pénitences. Enfermé dans une étroite cellule dont la porte sera scellée du sceau de saint Remi, il y demeurera seul, priant et se mortifiant jusqu'au jour où le ciel lui aura fait connaître qu'il a mérité par ses jeûnes, ses prières et ses larmes, la miséricorde du Seigneur et le pardon de son péché. Cependant Remi prendra la charge de son diocèse et chaque dimanche officiera alternativement à Reims et à Laon. La pénitence de Génebaud dura sept années, jusqu'au moment où un ange du ciel vint lui annoncer que le Seigneur avait écouté les prières de son vénérable père, et qu'il était satisfait de l'austère pénitence qui lui avait été imposée. Et comme preuve de sa mission, l'ange ouvrit la porte de sa cellule en respeçtant le sceau de l'évêque de Reims. Mais Génebaud ne voulut point sortir, en disant : « Je ne sortirai point d'ici jusqu'à ce que celui qui m'y a enfermé au nom de JÉSUS-CHRIST, vienne me délivrer. » Dans le même moment, saint Remi priait dans son église de Notre-Dame de Reims, et Dieu, dans une extase, lui fit connaître tout ce qui se passait à Laon. Il se lève sur-le-champ admirablement consolé, et arrive bientôt auprès de la cellule dont la porte était ouverte. Il y trouve son neveu prosterné le visage contre terre, le relève, l'embrasse tendrement en l'arrosant de ses larmes de joie, et tous deux bénissent le Seigneur de sa grande miséricorde. Génebaud est solennellement rétabli dans ses honneurs et dignités, et la sainteté de sa vie fut si grande par la suite qu'il mourut plein de bénédictions et de mérites. L'Église l'a placé au catalogue de ses saints le 5 septembre.

Nous devons encore un souvenir à sainte Balsamie, la nourrice de saint Remi, et à saint Celsin, son frère de lait. Les reliques de sainte Balsamie se trouvaient autrefois dans l'église bien connue sous le nom de Sainte-Nourrice ; elles sont aujourd'hui dans la basilique de Saint-Remi dans la chapelle dite des *Reliques*.

Les saints personnages dont nous venons de raconter fort brièvement la vie, étaient unis à saint Remi par les liens du sang : c'est toute une lignée de saints qui s'épanouissaient autour de sa personne. Bien d'autres ont été formés à la vertu par ses soins et ses exemples.

Le roi Clovis baptisé le 25 décembre 496 par le grand évêque de Reims, et tiré par lui des ténèbres du paganisme à l'admirable clarté de notre sainte religion, suivit toujours les conseils de notre Saint, qui dirigeait sa conscience et l'avertissait de garder la justice et d'avoir recours à Dieu dans ses entreprises. Certains historiens l'ont accusé de s'être rendu coupable de plusieurs meurtres après son baptême, mais il est aujourd'hui acquis que les traditions sur la mort de Chararic, de Ragnacaire et de plusieurs autres, ne sont autre chose que des traditions populaires. Si Grégoire de Tours les a placées dans sa chronique à la fin du règne de Clovis, c'est que ces traditions ne portaient pas de date. Il ne reste d'historique dans la légende de Chararic et de Ragnacaire que la défaite de ces princes et la conquête de leur royaume par Clovis ; mais ces événements se placent selon toute vraisemblance dans la période qui s'écoula entre 486 et 496.

Sainte Clotilde, épouse de Clovis, avait une haute estime pour saint Remi : et il n'est pas douteux que notre Saint n'ait contribué par ses exemples et ses leçons à la conduire à un haut degré de perfection et de sainteté. Clotilde avant sa mort, qui arriva en 554, rendit de grands honneurs au tombeau de l'Apôtre des Francs. Son petit-fils, saint Cloud, se retira quelque temps à Reims près de notre Saint, qui l'appelle dans son *Testament* son très cher et cordial ami.

Quelles ont été la date et l'occasion des rapports qui existèrent entre saint Remi et sainte Geneviève, il est bien difficile, pour ne pas dire impossible, de le préciser. Les historiens de l'un et de l'autre parlent de leurs relations, de la confiance de Geneviève en Remi, de l'affection de Remi pour celle qu'il appelle « sa très chère fille ». Il est permis de croire que ces relations existaient avant le baptême de Clovis. Nous avons déjà vu Geneviève défendre la cité de Lutèce et obtenir la grâce des prisonniers ; nous savons aussi combien ferventes étaient ses prières pour la conversion des barbares, non moins ferventes que celles de Remi. Mais après le baptême du roi, les relations de la sainte bergère avec l'Apôtre des Francs sont du domaine de l'histoire. Les historiens du temps nous disent que Geneviève faisait à Reims des voyages fréquents pour visiter saint Remi. Clovis, afin de faciliter ces voyages, donna à Geneviève des villas ou métairies dans lesquelles elle pouvait s'arrêter ou se reposer pendant la route. Ces domaines de Crugny et de Fère, Geneviève en mourant les donna à saint Remi, et celui-ci, par testament, en fit don à son Église de Reims. Où demeurait la sainte quand elle venait à Reims ? Un historien de saint Remi, le Père René de Cériziers, affirme que la chapelle de Sainte-Geneviève, bâtie sur la route de Paris, à l'entrée de la ville, marque le lieu du séjour de la Sainte quand elle venait à Reims. Les terres sur lesquelles était bâtie la chapelle, nous dit-il, avaient aussi été données à sainte Geneviève par Clovis.

Nous avons déjà parlé de saint Arnoul, le fils du comte de Rethel, qui, baptisé par saint Remi, mourut martyr à Reims près de son tombeau.

Sur tous les points du diocèse de Reims s'établissaient des colonies de saints qui attiraient les grâces de Dieu sur le grand évêque. Au mont d'Hor, saint Thierry, le plus cher des disciples de Remi, dont nous parlerons plus loin, fonde un monastère et sanctifie par la prière des lieux où le vice avait jusqu'alors étalé ses désordres ; sur les bords de la Marne, une famille entière de saints Irlandais, sous la conduite de Gibrien, leur frère, instruit les populations et les édifie par ses vertus. Ils sont venus de leur lointaine patrie pour recevoir la bénédiction du saint évêque de Reims et obtenir de lui un lieu commode pour passer leurs jours dans l'exercice de la piété. Saint Remi les accueillit avec toutes les marques de la plus grande bienveillance, leur assigna comme lieu de retraite un village situé sur la Marne, et c'est dans ces lieux qu'ils sont honorés comme des saints, Gibrien à Coolus, Véran à Matougle, Hélan à Bisseuil et Germain à Avize. Leurs trois sœurs Francle, Prompte et Posenne donnèrent aussi des marques de la plus grande sainteté. Dom Marlot raconte que Gibrien venait souvent visiter son bon maître, saint Remi, pour en rapporter de salutaires instructions dont il faisait part à ses frères et à ses sœurs, et que, prenant plaisir à leur imprimer le sceau de la vertu avec la perfection apostolique, il en fit de grands saints à son exemple.

Parmi les membres de cette sainte famille, on remarquait Trésain. Humble gardien d'un immonde troupeau, il se sanctifiait sur la montagne de Mutigny par son union avec Dieu et la pratique de toutes les vertus chrétiennes. Les habitants d'Ay l'accusèrent auprès de saint Remi qui se trouvait à Ville-en-Selve, près du bourg d'Avenay, pour avoir laissé errer ses pourceaux dans leurs champs. Trésain comparut devant le prélat, prouva son innocence et fit sur lui une si grande impression par la réputation de ses vertus que le Saint le confia à son neveu Génebaud, évêque de Laon, qui l'éleva au sacerdoce. Trésain vint exercer son apostolat aux lieux mêmes où il avait vécu si humblement, et il illustra par sa sainteté les paroisses de Mareuil et de Mutigny. Ses reliques sont pieusement conservées dans la magnifique église d'Avenay.

Mais le diocèse de Reims n'offrait pas un champ assez vaste à l'activité et au zèle du saint évêque. Sa métropole comptait alors douze évêchés suffragants, « les douze étoiles », comme les appelle l'histoire :

c'étaient avec ceux d'Amiens, de Beauvais, de Soissons, de Châlons-sur-Marne qui en dépendent encore aujourd'hui, les sièges de Noyon, Thérouanne, Cambrai, Arras, Tournay, Tongres, Senlis et Boulogne. Or ces régions qui se trouvaient sur le passage des peuples barbares avaient été saccagées et ruinées par les invasions. La religion n'avait pas été épargnée ; plusieurs des sièges épiscopaux étaient devenus vacants et la foi chrétienne s'amoindrissait de jour en jour. Loin de se décourager, saint Remi sentit redoubler son ardeur. Il confia à son disciple saint Vaast les deux églises d'Arras et de Cambrai ; au rapport de son historien, le zélé missionnaire qui n'avait pas trouvé un seul chrétien, lors de son arrivée, n'y laissa pas un seul païen lorsqu'il mourut. Par l'ordre du grand évêque, saint Aumont quitte son frère saint Berthaud et sa pieuse solitude de Chaumont, dans le Porcien. C'est là que, sur les conseils de saint Remi, ils s'étaient retirés au milieu des bois pour servir Dieu dans la retraite et jeter les fondements de la future abbaye des Prémontrés. Aumont dirige ses pas vers les rivages de la mer et devient le premier évêque de Thérouanne. Bientôt l'église de Tournay refleurit par les soins de saint Éleuthère, pendant que saint Médard, son ami, exerce son zèle à Noyon, où il a transporté le siège épiscopal du pays de Vermandois. Le neveu de saint Remi, saint Loup, donne une impulsion nouvelle à la religion catholique dans le Soissonnais. Enfin non content de rétablir les anciennes églises, saint Remi détache encore de son diocèse toute la région de Laon, et la confie au zèle de son neveu saint Génebaud.

Tous ces saints évêques ont été formés par ses soins, ils restent ses disciples dans leurs nouvelles fonctions. Toujours l'évêque de Reims leur apparaît comme le modèle de toutes les vertus épiscopales. Ils s'adressent à lui dans leurs doutes, ils prennent ses conseils dans leurs difficultés ; lui-même prévient leur découragement dans la lourde tâche qu'il leur a confiée auprès de ces rudes et sauvages barbares. Ainsi son action est partout présente ; elle se fait sentir jusqu'aux extrémités de son immense province ecclésiastique.

Il n'oublie pas non plus que le Souverain Pontife lui a donné le titre de Légat, de Vicaire du Saint-Siège dans les Gaules. Ce n'est pas pour lui une vaine dignité, c'est une fonction dont il accepte toutes les responsabilités et toutes les charges. Aussi il entretient des relations suivies avec les évêques des Gaules et il les guide de ses conseils.

Comme nous l'avons déjà dit, saint Thierry fut le plus cher des disciples de saint Remi. Quoique né d'un père qui exerçait le brigandage dans les environs de Reims, Thierry dès son enfance donna l'exemple de toutes les vertus. Engagé malgré lui dans les liens du mariage, il consulte son bienheureux père Remi, et par ses prières et ses exhortations obtient de son épouse qu'elle entrerait dans un monastère. C'est alors qu'il fonda la célèbre abbaye du mont d'Hor, y assembla des religieux dont Remi le constitua le supérieur, et fit de ce lieu où régnaient auparavant tous les vices, l'asile de la prière perpétuelle et de toutes les vertus. Il revenait fort souvent à la ville pour y consulter le saint évêque et apprendre de lui la science de la sainteté et de la conduite des âmes dans les voies de la perfection.

Après la mort du roi Clovis, ses quatre fils se partagèrent le royaume. L'aîné, Théodoric ou Thierry, devint roi d'Austrasie, et comme la ville de Reims se trouvait dans ses possessions, ce prince eut de nombreuses occasions de voir le saint évêque, et toujours il

lui donna des marques de son estime et de sa confiance.
Persuadé, comme son père Clovis, de la sainteté du
serviteur de Dieu, il avait recours à lui dans toutes ses
peines ; et une de ses filles étant tombée dangereusement malade, il envoya aussitôt un messager à Remi
pour le prier de venir immédiatement à Metz, afin
d'imposer les mains à sa fille et de lui rendre la santé.

Le saint prélat, retenu par la maladie et les infirmités de la vieillesse, fit venir son disciple Thierry, et
lui ordonna, au nom de Dieu, de partir pour Metz,
afin de rendre la santé à la jeune princesse. Thierry
refusa d'abord une aussi lourde tâche, mais les exhortations de l'évêque eurent enfin raison de ses répu-
gnances. Il reçoit la bénédiction de Remi et part pour
la capitale du royaume d'Austrasie, quand il apprend
sur la route que la fille du roi a été enlevée en peu de
jours par la violence de la maladie. Sa confiance n'en
est point ébranlée, et il continue sa route jusqu'à Metz.
A son arrivée, il trouve le roi dans les larmes et toute
la cour dans la consternation. Espérant contre toute
espérance et s'appuyant sur les promesses de son père
Remi, le saint abbé Thierry se met en prière, et Dieu
glorifie son obéissance par le miracle le plus éclatant ;
car il n'eut pas plus tôt achevé sa prière, que la princesse
donna des marques d'une vie nouvelle et d'une santé
parfaite. Le roi fut si sensible à cette insigne faveur,
qu'il donna au monastère de Thierry la ferme de
Gaugi (¹), au territoire de Reims, et à l'Église de Reims
la ferme de Vandières sur la Marne, en considération
de l'évêque Remi « dont le disciple aussi bien que le
maître avait reçu du Saint-Esprit la grâce de ressus-
citer les morts », ainsi qu'il est spécifié dans l'acte de
cette donation.

---

1. Quelques-uns croient que c'est le village de Gueux qui n'est pas loin de
Saint-Thierry.

II.

Avant de raconter les dernières années et la mort de saint Remi, il nous a paru utile de résumer son *Testament,* le plus ancien et le plus célèbre de tous ceux que l'on connaisse. Dicté sous la forme d'une lettre, il a toujours été regardé comme un des monuments les plus précieux de l'Église de France. Les plus habiles jurisconsultes, comme Mabillon, du Cange, l'ont reçu comme authentique : mais les érudits ne le croient pas exempt d'interpolations. Les églises de Reims, de Laon, d'Arras et plusieurs autres jouissaient encore à la Révolution de tous les biens qui leur avaient été légués par ce testament. Saint Remi y fait ses légataires universels avec l'Église de Reims, saint Loup, évêque de Soissons, et le prêtre Agricole, ses neveux. Le pape Sylvestre II, qui avait été archevêque de Reims, défendit de porter aucune atteinte au *Testament de saint Remi, apôtre des Francs.*

En voici le commencement d'après dom Marlot :

« Au nom du Père, et du Fils, et du Saint-Esprit, « gloire à Dieu. Ainsi soit-il.

« Moi, Remi, évêque de la ville de Reims, honoré « de la dignité sacerdotale, j'ai fait mon testament « suivant le droit prétorien, et s'il y manque quelques « formalités, je veux qu'il ait la force d'un codicille.

« Quand je cesserai de vivre, je t'institue mon héri- « tière, ô sainte et vénérable église catholique de la « ville de Reims, et vous Loup, évêque, fils de mon frère, « pour lequel j'ai toujours eu une affection particulière : « et vous aussi Agricole, prêtre, mon neveu, que j'ai « chéri dès votre enfance par l'attachement que vous « avez eu pour moi : je vous laisse tous les biens qui « m'appartiendront au moment de ma mort, à l'excep-

S. Remi dicte son testament avant de mourir.
(D'après les tapisseries anciennes de Saint-Remi de Reims.)

Saint Remi.

3

« tion des legs particuliers que j'aurai faits à diffé-
« rentes personnes et de ce que je pourrai spécialement
« vous donner à l'un ou à l'autre. »

Saint Remi, en véritable économe de Dieu, lui rend un compte exact de tout ce qu'il possède comme lui venant de ses parents ou de la libéralité de Clovis et des princes ses enfants.

A l'Église de Reims qu'il appelle sainte, vénérable, catholique, pour rendre justice à l'intégrité de sa foi que l'impiété arienne n'a jamais altérée, à cette chère épouse que le Seigneur lui avait confiée et qu'il avait gouvernée avec tant de sagesse et de douceur pendant plus de soixante-dix ans, Remi donne la plupart de ses terres avec leurs habitants, en particulier la ville d'Épernay qu'il avait achetée à Euloge pour cinq mille livres d'argent. Il fait aussi des dons aux Églises de Laon et d'Arras, leur laissant des terres pour l'entretien de leur clergé, et des vases précieux pour le service et la décoration des autels. Il n'oublie pas l'Église de Soissons dont l'évêque est le premier suffragant de la métropole. A l'Église cathédrale de Châlons-sur-Marne, en mémoire de saint Memmie, son premier évêque, Remi donne la terre et le village de Jâlons.

Mais rien ne marque mieux la charité de saint Remi et la dévotion qu'il avait pour les lieux de piété, qui étaient dans l'enceinte de la ville de Reims et les environs, que le détail des biens qu'il lègue aux hôpitaux, aux paroisses, églises, chapelles consacrées par les reliques des martyrs, aux diaconies et hospices où l'on recevait des étrangers. Il les nomme tous en particulier en désignant les dons que leur feront ses légataires. Il serait trop long de citer les noms de ces différentes églises, comme aussi de tous ceux, prêtres, diacres, sous-diacres, lecteurs et jeunes clercs qui eurent part aux libéralités de notre Saint.

Quant aux biens qu'il a reçus de Clovis encore
païen, « je les ai distribués, dit saint Remi, aux lieux
« qui en avaient le plus besoin, de peur qu'il ne pensât
« que je recherchais les choses de la terre, et non son
« salut éternel....

« Et comme ce prince savait que j'avais travaillé
« plus qu'aucun autre des évêques des Gaules pour
« amener les Francs à la foi, Dieu qui, par la grâce du
« Saint-Esprit, s'était servi de moi quoique pécheur, et
« m'avait fait opérer plusieurs prodiges afin de conver-
« tir les Francs, me donna assez de pouvoir sur son
« esprit, non seulement pour le porter à restituer ce
« qui avait été pris à toutes les églises du royaume de
« France, mais à en enrichir beaucoup d'autres de son
« bien propre par un effet de sa libéralité et de sa
« bonté. Quant à moi, je n'ai rien voulu recevoir de
« lui, pas même l'espace d'un pied de terre en faveur
« de l'Église de Reims, jusqu'à ce qu'il eût accompli
« ce que je viens de dire. »

Saint Remi dans son *Testament* n'oublia pas les
pauvres, les veuves et les orphelins, ces joyaux de
l'Église de Dieu, et il ordonna de leur faire d'abondantes aumônes. Il donne aussi la liberté aux serfs de
ses différents domaines. Puis, après avoir révoqué ses
deux testaments précédents, il ajoute :

« Ce testament doit être inviolablement observé par
« mes frères et successeurs, les évêques de Reims. Je
« le mets sous la défense et la protection des rois de
« France, mes très chers fils, que j'ai consacrés à Dieu
« dans le baptême par les bienfaits de JÉSUS-CHRIST
« et le secours de la grâce du Saint-Esprit ; j'espère
« qu'ils emploieront leur autorité pour lui donner une
« force perpétuelle et inviolable dans tout ce qu'il con-
« tient, et contre tous ceux qui voudraient y contre-
« venir. »

Puis, après avoir menacé des plus graves malédictions tous ceux, évêques, prêtres ou laïques, qui négligeraient de faire ce qu'il a ordonné dans ce même testament, il termine en demandant à Dieu de bénir la famille du premier roi très chrétien :

« Si JÉSUS-CHRIST daigne ouïr la prière particulière
« que je fais chaque jour en présence de sa Majesté
« divine pour la maison royale, afin qu'elle continue
« d'observer les instructions que je lui ai données pour
« gouverner dignement l'État et protéger l'Église, aux
« bénédictions qu'il a plu à Dieu de répandre par ma
« main pécheresse sur son chef, beaucoup d'autres
« seront ajoutées et versées par le même esprit sur un
« chef plus illustre encore. De lui sortiront des rois et
« des empereurs, dont la postérité fidèle aux volontés
« de Dieu, aidée de ses grâces, travaillera à l'avance-
« ment de l'Église, établira son pouvoir sur les fonde-
« ments de l'équité et de la justice, sera digne du trône
« de ses pères, en portera de jour en jour les limites
« plus loin qu'eux encore, et méritera une élévation
« plus grande dans la maison de David, c'est-à-dire
« dans la Jérusalem céleste, où elle régnera à jamais
« avec le Seigneur. Ainsi soit-il. »

« Fait à Reims le jour et an que dessus, en présence
« des personnes qui ont signé.

« Moi Remi, évêque, j'ai relu, fermé et souscrit avec
« la grâce de Dieu ce testament, au nom du Père, et du
« Fils, et du Saint-Esprit.

« ✠ Vaast, évêque, je maudis celui que Remi mon
« père a maudit, je bénis celui qu'il a béni : j'ai été
« présent et j'ai signé. »

Suivent les signatures des évêques Génebaud de Laon, Médard de Noyon, Loup de Soissons, Béat d'Amiens, Euloge, des prêtres Agricole, Thierry et Celsin, et de quelques laïques amis de saint Remi.

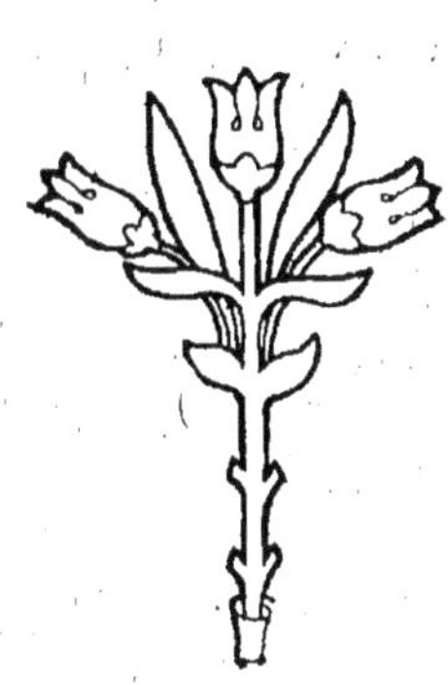

I.

SAINT REMI jouissait dans une heureuse vieillesse du fruit de ses travaux, et le Seigneur semblait, suivant l'expression de la sainte Écriture, donner à ce nouveau patriarche la graisse de la terre et la rosée du ciel, quand ce même Seigneur voulut, sur la fin de ses jours, lui faire sentir les effets de l'amour spécial qu'il a pour ses élus, en lui donnant part au calice de ses douleurs. Il fut en butte aux reproches, à la médisance, à la calomnie ; on lui fit un crime de ce qu'on devait regarder comme un effet de sa prudence et de sa bonté. Et ce qui augmenta pour notre Saint l'amertume de sa douleur, c'est que le coup lui fut porté par des évêques qui n'avaient ni son âge ni son expérience. Ils furent les instruments dont se servit la Providence pour éprouver sa vertu.

Remi, à la recommandation du roi Clovis, avait ordonné prêtre un ecclésiastique nommé Claude. Celui-ci s'étant rendu coupable d'une faute, l'évêque de Reims lui imposa une pénitence et le réconcilia avec l'Église. Cette mansuétude du vieillard déplut à quelques jeunes évêques, Héraclée de Paris, Théodore d'Auxerre et Léon de Sens, qui lui écrivirent une lettre fort vive pour lui reprocher sa douceur. Ils allaient même jusqu'à le traiter d'*évêque jubilaire*, c'est-à-dire de vieillard incapable de gouverner son Église. Le saint prélat répondit à leurs reproches avec une grande force et une dignité tout épiscopale, leur rappelant la charité de JÉSUS-CHRIST, le bon témoignage qu'on lui avait donné du coupable repentant, et leur pardonnant les moqueries qu'ils avaient faites de sa vénérable vieillesse.

Il ne fut pas moins ferme pour soutenir les droits de son Église de Reims. Foulques ayant été nommé évêque de Tongres, voulut exercer ses droits sur la ville et la paroisse de Mouzon sur la Meuse qui, de temps immémorial, faisait partie de l'Église de Reims. Un pareil procédé parut bien extraordinaire à notre saint prélat. Il écrivit à l'évêque de Tongres pour l'instruire de ses droits, et il le fit de manière à lui ôter l'envie de commettre jamais un pareil attentat. Supposant charitablement que Foulques a péché par inconsidération plutôt que par malignité, il lui fit comprendre combien cette manière d'agir était contraire à la justice et à sa propre réputation, « parce qu'un prélat, dit-il, qui dès « son entrée dans l'épiscopat, commence par montrer « de l'avidité pour les biens temporels qui y sont atta- « chés, donne sujet de croire qu'il les recherche plus « que l'épiscopat lui-même. » L'évêque de Tongres se soumit, et renonçant à ses prétendus droits sur le spirituel et le temporel de Mouzon, en laissa la paisible possession à l'Église de Reims.

Saint Remi, dans sa verte vieillesse, n'avait pas seulement à souffrir de ses frères dans l'épiscopat : quelques-uns de ses concitoyens se montrèrent pleins d'ingratitude pour les bienfaits qu'il voulait répandre sur son peuple. Instruit par l'expérience des misères passées, le grand évêque de Reims, ne pouvant en prévenir le retour, voulut, au moins, en conjurer les tristes effets pour ceux qui étaient les enfants de son cœur. Prévoyant qu'il adviendrait, par suite des guerres, une grande famine, comme un nouveau Joseph, il amassa dans les environs de Reims une quantité considérable de blé en grains et en gerbes dans les granges qu'il avait fait bâtir à ses frais.

« Mais le mauvais monde et les fainéants, lisons-nous dans une très ancienne Vie du Saint, eurent opinion que cette charité était une pure avarice, et que l'évêque voulait tout simplement se faire marchand pour trafiquer et gagner au double ; si bien que, par un instinct diabolique, ils mirent le feu en ses greniers. Le glorieux saint Remi se trouvait alors non loin de là au village de Bazancourt. Quand on lui porta cette triste nouvelle, il monte à cheval et accourt pour voir si l'on pouvait remédier à cette perte. En arrivant, il trouva que le feu avait déjà gagné partout. Alors doucement, parce qu'il faisait grand froid et que son vieil âge le rendait plus frileux, il s'approche du feu pour s'y chauffer, sans faire paraître aucune indignation ni courroux, se contentant de dire : « Le feu est bon en tout temps, s'il n'est pas trop ardent. »

« Comme on lui demandait d'arrêter le feu par la puissance de sa prière, ainsi qu'il l'avait fait quelque temps auparavant, en sauvant miraculeusement la ville de Reims d'un terrible incendie qui menaçait de la réduire en cendres : « Non, non, répondit-il avec calme, c'est inutile ! Dieu châtiera ceux qui ont fait brûler ce blé, pour la faute qu'en auront les pauvres. »

« En effet, ajoute le chroniqueur, ceux qui avaient combiné de faire perdre le blé amassé par saint Remi et n'avaient point, par là, voulu permettre qu'il s'en servît pour nourrir les malheureux pendant la disette, perdirent tous leurs biens ; leurs terres devinrent stériles et infructueuses ; tous leurs labeurs furent inutiles, et la vindicte du peuple se tourna contre eux. Non seulement ils furent ainsi frappés dans leur fortune, mais parce qu'ils avaient excité à mettre le feu, ils demeurèrent grevés, et toute leur postérité masculine se ressentit de ce mal, ayant été frappée d'une terrible maladie héréditaire. Toutes les femmes de ces familles maudites eurent de grosses gorges, comme les montagnards du Valais et de la Savoie. »

Hincmar, archevêque de Reims, qui nous a transmis le souvenir de cette histoire, affirme avoir vu encore des rejetons de cette race sur laquelle la malédiction de saint Remi avait attiré la vengeance de Dieu. Sans doute le Saint était trop clairvoyant pour se tromper sur les véritables auteurs du crime ; pour sauvegarder l'avenir il sut, par une prévoyance admirable, arrêter soudain les méchants dans leur œuvre néfaste en faisant tomber sur les vrais coupables tout le poids des vindictes humaines et celui de la justice de Dieu.

II.

Dieu qui éprouve ses saints ne les abandonne jamais, et les consolations intimes qu'il leur envoie les dédommagent amplement de l'ingratitude des hommes. Ces consolations divines ne manquèrent pas au glorieux Apôtre des Francs.

Hincmar assure, nous dit dom Marlot (1), que saint Remi ayant coutume de se rendre avant les autres pour la récitation du saint office, il arriva qu'un jour se trouvant à l'église vers minuit afin de vaquer plus paisiblement à ses prières, un de ses clercs, curieux de savoir ce qu'il pouvait faire, se glissa en quelque lieu secret pour le considérer. A la faveur d'une lampe qui éclairait les ténèbres, il l'aperçut debout, les mains et les yeux élevés au ciel, récitant les matines avec des esprits divins envoyés pour l'assister. Quand ils furent aux leçons, voici venir le vénérable saint Pierre, la barbe et les cheveux gris, la couronne sur la tête et revêtu d'une robe blanche, qui, quoique prince des

_____

1. DOM MARLOT, *Histoire de la ville, cité et université de Reims*, liv. V, chap. 22.

Apôtres, s'inclina pour recevoir la bénédiction d'un homme qui vivait encore sur la terre. Saint Remi lui donna la bénédiction, et saint Pierre se mit à lire la première leçon, et quand elle fut achevée, ils récitèrent ensemble le répons, et l'Apôtre s'étant incliné de nouveau, disparut. Alors arriva saint Paul, l'apôtre des Gentils et le vase d'élection, qui s'inclina à son tour devant saint Remi, récita la deuxième leçon, en lui laissant à lire la troisième, afin qu'il reçût la bénédiction de Dieu. Le clerc, qui admirait toute la cérémonie, ne put sortir si adroitement que le saint prélat ne l'aperçût, et il lui fit défense très expresse de divulguer avant sa mort ce dont il avait été témoin, afin que l'Église connût combien Dieu est plein de miséricorde envers ceux qui le servent en esprit et en vérité.

C'est ainsi que le Seigneur consolait saint Remi au milieu de ses peines et de ses afflictions. Agé de plus de quatre-vingts ans, accablé d'infirmités, privé de la vue, et ne pouvant demeurer ni couché ni assis, Dieu le consolait dans ses angoisses en lui donnant un avant-goût de la félicité céleste. Il lui découvrit à l'avance le jour de sa mort, et cette révélation le remplit de consolation. Ce fut alors qu'il résolut de faire, suivant les saints canons, ce *Testament* dont nous avons parlé au chapitre précédent, afin que détaché de tout soin temporel, il n'eût plus de pensées que pour le ciel.

III.

« La mort qui donne de l'appréhension aux méchants est souhaitée par les justes comme un passage à la gloire : à mesure que les clartés du ciel se découvrent à leurs yeux, ils conçoivent du dégoût pour la vie présente, et désirent la quitter, pourvu que Dieu le veuille et que leur mort ne soit point préjudiciable au public.

Saint Remi avait tant d'amour pour les Français qu'il
n'eût pas regretté la longueur de ses afflictions s'il eût
encore pu leur rendre service ; mais se voyant en un

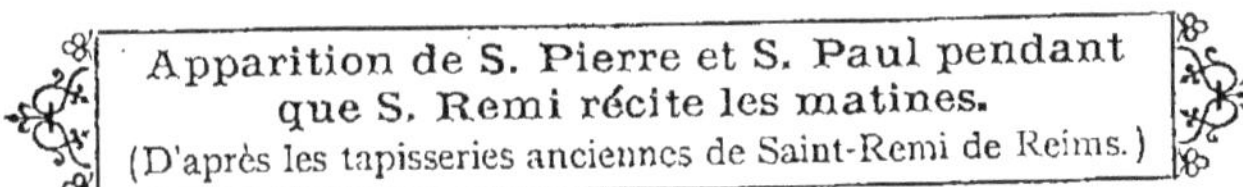
Apparition de S. Pierre et S. Paul pendant
que S. Remi récite les matines.
(D'après les tapisseries anciennes de Saint-Remi de Reims.)

grand état de langueur et privé de la lumière du jour,
ne pouvant plus être d'aucune utilité pour le monde
que par l'exemple de sa patience, il commença de soupirer continuellement après Dieu, à l'imitation du Roi-

Prophète (¹). » Il ne cessait de s'écrier : « Quand vien-
drai-je, quand paraîtrai-je devant la face de mon
« Dieu (²) ? Je serai rassasié, quand sa gloire se mani-
« festera. » Le Seigneur, par une douce consolation,
lui avait révélé le jour de sa mort prochaine. Plein de
confiance dans cette révélation, le Saint fit son testament, empressé de recueillir cet héritage dont le
Prophète a dit: « Quand Dieu aura accordé le sommeil
« à ses bien-aimés, voilà l'héritage du Seigneur (³). »
C'est ainsi que l'homme de Dieu renonçant à l'héritage
terrestre, obtint l'héritage éternel. Quand il eut fait son
testament et mis en règle toutes ses affaires, il ne son-
gea plus qu'à louer Dieu, à le remercier et à chanter
jour et nuit des hymnes à sa louange. Convaincu que
ceux qui souffrent les afflictions avec patience et humilité sont, après ces tribulations, admis au repos des
bienheureux, il bénissait Dieu qui l'avait privé de
l'usage de ses yeux : mais le Seigneur voulant lui donner un gage de la vie éternelle qu'il lui destinait, lui
rendit la vue avant sa mort : il en bénit le nom du Seigneur, comme il l'avait béni lorsqu'il l'avait perdue.
Peu de temps après, sachant que son dernier jour était
arrivé, il fit avertir les évêques, ses suffragants, de venir
l'assister à ses derniers moments. Après leur avoir fait
des adieux pleins de tendresse, il célébra le saint sacrifice de la messe, et leur distribua la sainte communion.
Puis il leur donna sa bénédiction et mourut paisiblement après avoir religieusement servi Dieu en fidèle et
prudent serviteur pendant soixante-quatorze ans
d'épiscopat, dans la quatre-vingt-seizième année de
son âge, le jour des ides de janvier (13 janvier 533). « Il
avait saintement fourni sa carrière, dit Flodoard,

1. DOM MARLOT, *Histoire de la ville, cité et université de Reims*, liv. V,
chap. 24.

2. Psaume XVI, 17.

3. Psaume CXXVI, 4.

toujours fidèle à la foi, riche de ses bonnes œuvres et du salut des âmes ; comme il l'avait désiré, son âme, laissant son corps sur la terre, pénétra dans les cieux (1). »

IV.

Dans son *Testament*, saint Remi avait désigné l'église des saints martyrs Timothée et Apollinaire comme lieu de sa sépulture, « si ses frères et très chers fils les « évêques le trouvaient bon ». Nous trouvons encore à la fin de ce même acte : « Après avoir fait et signé « mon testament, il m'est venu à la pensée de laisser un « vase d'argent du poids de six livres à la basilique des « saints martyrs Timothée et Apollinaire, afin que le « prix en soit employé à la construction du monument « qui doit renfermer mes ossements. »

Les évêques présents à la mort du saint prélat ne crurent pas qu'il y avait lieu de délibérer sur le lieu de sa sépulture, et qu'il ne restait qu'à exécuter avec res- pect ses dernières volontés. Le corps fut enseveli et cou- vert de baume et de fleurs odoriférantes, et on se dis- posa à le porter, en grande pompe, en l'église de Saint- Timothée, qu'il avait choisie. « Or, raconte Flodoard, pendant qu'on portait ce corps vénérable à la sépulture qui lui avait été préparée, au milieu du chemin, le cer- cueil devint si lourd que les porteurs, malgré tous leurs efforts, ne purent aller plus loin. Tout le monde s'étonne ; on invoque la miséricorde de Dieu, pour qu'il daigne indiquer en quel lieu il veut qu'on dépose le corps de son pieux serviteur. On désigne l'église des saints mar- tyrs Timothée et Apollinaire : le cercueil ne peut être soulevé. On propose l'église de Saint-Nicaise sans

---

1. FLODOARD, *Histoire de l'Église de Reims*, tome I, chap. 17.

plus de succès. On prend la résolution de le porter à l'église de Saint-Sixte et de Saint-Sinice ; les efforts sont inutiles. Enfin ils sont à bout, car il ne restait plus qu'une petite église bâtie en l'honneur de saint Christophe, martyr ; elle ne renfermait les reliques d'aucun saint, quoique dans les terrains environnants eût existé jadis le cimetière de l'Église de Reims. Ils demandèrent donc à Dieu de déclarer s'il voulait que les précieuses reliques fussent déposées dans cette petite église. A peine cette demande eut-elle été formulée, que les porteurs soulevèrent le cercueil avec tant de facilité qu'ils ne s'apercevaient plus du fardeau qu'ils portaient. Les restes du vénérable prélat furent donc, par une disposition de la volonté divine, ensevelis dans cette petite église, à l'endroit où est aujourd'hui l'autel de sainte Geneviève. A la place où le cercueil devint plus pesant, on rapporte que plus tard s'opérèrent plusieurs miracles. Là est encore une croix qui porte cette inscription ([1]) :

« Lorsque le grand évêque Remi passa de ce monde dans la céleste patrie, la foule des fidèles porta avec respect son corps jusqu'ici, dans l'intention de l'ensevelir dans l'église de Saint-Timothée, martyr. Il s'arrêta en ce lieu et ne put bouger jusqu'à ce que le Seigneur eût révélé où il fallait le déposer. C'est là que maintenant, par la grâce de JÉSUS-CHRIST, il manifeste la puissance de sa vertu par les bienfaits dont il comble les fidèles, en rendant aux aveugles la vue, aux boiteux la faculté de marcher, aux malades la santé. Adressons donc à Dieu de ferventes prières pour que, par sa pieuse intercession, nous méritions d'obtenir le pardon de nos péchés et les joies du ciel. Saint Remi,

---

1. Cette croix était située sur la place Saint-Timothée, à l'endroit où aboutit la rue du Cerf. Elle a subsisté jusqu'à la Révolution.

glorieux confesseur de JÉSUS-CHRIST, prends aussi en pitié ton serviteur Adelold (1). »

V.

« Ainsi vécut, dit dom Marlot, ainsi mourut le grand saint Remi, l'honneur des prélats, le protecteur des lys, l'astre du sacré royaume et le tutélaire de notre province ; comme il avait été tout miraculeux en sa vie, aussi fut-il éclatant après sa mort, le ciel l'ayant voulu honorer d'une infinité de prodiges pour marque de son éminente sainteté (2). » C'est ce qui nous reste à montrer dans le dernier chapitre de cette histoire, après avoir fait remarquer de nouveau à nos lecteurs le choix fait par Dieu du saint Patron du diocèse de Reims pour accomplir tant de prodiges, celui surtout de la conversion de Clovis et de ses Francs. Quatorze siècles se sont écoulés depuis cette époque où la France est devenue la fille aînée de l'Église, et nous devons, à cette date, retenir comme un enseignement solennel, vraiment patriotique et national, cette pensée que nous empruntons à l'illustre historien du premier roi très chrétien : « Le baptême de Clovis est plus qu'un épisode de l'histoire universelle : c'est le dénouement victorieux d'une de ses crises. En relisant cette page fatidique des annales de l'humanité, le chrétien éprouvera le sentiment puissant et fécond d'une entière sécurité devant les problèmes sans cesse renaissants, puisqu'il y voit la Providence accorder à l'Église, dans une de ses heures les plus sombres, ce qu'elle ne lui a refusé dans aucune autre : des penseurs qui ont tracé sa voie à travers les ténèbres de l'Océan, et des pilotes

---

1. Nom de celui qui avait fait ériger la croix. Cf. FLODOARD, *Histoire de l'Église de Reims*, tome 1, chap. 17.

2. DOM MARLOT, *Histoire de la ville, cité et université de Reims*, liv. V, chap. 24.

qui, au moment décisif, ont hardiment donné leurs coups de barre dans la direction de l'avenir ([1]). »

Ayons confiance, JÉSUS-CHRIST était hier, il est

Les funérailles de S. Remi. (D'après les tapisseries anciennes de Saint-Remi de Reims.)

aujourd'hui, il sera toujours, et saint Remi protège la France !

1. GOD. KURTH, *Clovis*, Introduction.

Saint Remi. 9

Translation des reliques de saint Remi. — Fondation de la basilique. — Sa consécration par le pape saint Léon IX (1049). — Désastres de la Révolution.—Saint Remi protecteur des peuples.

I.

A PEINE les restes vénérés de saint Remi furentils déposés dans l'humble chapelle de Saint-Christophe, au centre du vaste cimetière où reposait son peuple bien-aimé, que la piété des fidèles, attirés par ses miracles et par le souvenir de ses vertus, les précipita vers son tombeau. Bientôt l'édifice ne suffit plus pour contenir l'affluence des pèlerins et dut recevoir un premier agrandissement. Les archevêques de Reims y pourvurent, et peu à peu le nom de saint Remi demeura attaché à l'église qui gardait ses reliques. C'est près de ce tombeau que vint mourir Arnoul, le fils spirituel du saint prélat, après avoir abandonné le siège de Tours ; c'est là aussi que vint chercher sa voie le gentilhomme aquitain, Basle, avant de quitter le monde et de se retirer dans la solitude de Verzy où il fonda un célèbre monastère qu'il illustra par ses vertus. Mappin, évêque de Reims, ou Gilles son successeur, après avoir fait réparer l'église, procédèrent à une première translation des reliques de saint Remi.

Une seconde translation eut lieu sous l'archevêque Sonnace, le premier octobre 633, et Flodoard nous en a laissé le récit : « Comme un grand nombre de miracles surprenants se faisaient dans cette église (Saint-Christophe), par la grâce de Dieu, on l'agrandit et on l'exhaussa ; et, derrière l'autel, on fit une crypte pour recevoir les vénérables reliques du Saint. On découvre le cercueil pour le placer dans le caveau préparé, mais on ne peut le mouvoir. A l'entrée de la nuit, on allume un grand nombre de cierges et, vers minuit, tous ceux qui veillaient se laissent aller au sommeil ; à leur réveil, ils trouvent que le cercueil, avec son précieux trésor, avait été transporté, sans doute par la main des anges, dans le lieu préparé. Tout autour s'exhale un parfum dont la langue de l'homme ne saurait exprimer la douceur. Cette délicieuse odeur s'entretint dans la même église, non seulement ce jour-là tout entier, mais encore le lendemain.

« Le jour de cette translation, qui eut lieu aux calendes d'octobre, on prit, au milieu des chants sacrés, des cheveux du Saint, de sa chasuble et de sa tunique, et son corps entier, quoique desséché, demeura enveloppé dans un suaire de pourpre [1]. » Tel est le récit de cette seconde translation faite cent ans après la mort du saint évêque de Reims. Déjà la première translation avait eu lieu le premier jour d'octobre, car, suivant le témoignage de Grégoire de Tours, on célébrait ce jour-là tous les ans la fête de la translation de saint Remi. Et cette solennité y attirait une affluence si prodigieuse, qu'au rapport d'Alcuin, il semblait que toute la Champagne vînt fondre sur ce pieux sanctuaire.

Les prédécesseurs d'Hincmar et ce prélat lui-même agrandirent l'église de Saint-Remi. La dédicace solennelle en fut faite en 853. « Dans une crypte plus ornée et plus belle, écrit le pieux historien de l'Église de Reims [2], le seigneur archevêque Hincmar transféra les vénérables restes de notre bienheureux père en JÉSUS-CHRIST, en présence et avec le concours des évêques de la province de Reims. Le corps enveloppé

---

1. FLODOARD, *Histoire de l'Église de Reims*, tome I, chap. 20.
2. *Ibid.*

dans le drap de pourpre dans lequel il avait été trouvé, fut enfermé en entier dans une châsse d'argent. Quant au suaire qui couvrait la tête du Saint, il fut placé, avec une partie de ce drap de pourpre, dans un reliquaire d'ivoire, et depuis ce temps on le conserve en l'église de Notre-Dame, Mère de Dieu. »

Sur la châsse étaient gravés des vers composés par Hincmar pour résumer la vie de l'Apôtre des Francs. Nous en citons quelques-uns : « Ci-gît le corps du bon « saint Remi, que son serviteur Hincmar, obéissant à « une pieuse vénération, y a placé. Il était saint avant « que sa mère l'eût mis au monde et, du haut du ciel, « la voix de Dieu avait proclamé sa grandeur. Dieu « voulut qu'à l'âge de vingt-deux ans, il reçût la di- « gnité pontificale. Pendant les soixante-quatorze ans « de son épiscopat, il fut l'honneur de cette ville et « l'amour du monde entier. Même de son vivant, il « rendit la vie aux morts, la vue aux aveugles et opéra « un grand nombre de miracles. Par sa piété et son « éloquence, il dompta des cœurs farouches, et baptisa « le roi de la nation sicambre. La quatre-vingt-seizième « année était révolue, lorsque cet astre brillant quitta « les ténèbres de notre terre ; déjà les ides de janvier « étaient passées, quand le soldat, vieilli sous les « armes, reçut le prix de ses services... Puisse Hinc- « mar obtenir une place dans le séjour céleste par les « prières de celui pour lequel il eut sur la terre une « sincère affection ! Ainsi soit-il. »

« Dans la suite, continue Flodoard, l'an 882 de l'In- carnation de Notre-Seigneur, sous le règne de Carlo- man, les fautes des pécheurs attirèrent sur la France une invasion des païens (les Normands), et par les soins du seigneur archevêque Hincmar, les vénérables restes de saint Remi, notre père et seigneur, furent transportés dans la petite ville d'Épernay, qui lui appartenait, la ville de Reims n'étant pas alors enceinte de murs. La protection du Saint préserva certainement le lieu où fut apporté ce précieux dépôt, de l'invasion des barbares et du pillage des brigands. Après la mort d'Hincmar, ce trésor inestimable fut transporté dans le monastère d'Orbais. » Il devait bientôt revenir à Reims, et pour servir d'écrin à ce glorieux tombeau, on allait bâtir cette magnifique basilique de Saint-Remi qui fait aujourd'hui l'admiration de la France et de l'étranger.

II.

L'an 1005, l'abbé de Saint-Remi, Airard, résolut d'élever un temple vraiment digne du grand Apôtre des Francs. Il consulta les plus habiles architectes, et se mit à l'œuvre. Thierry, son successeur, reconnut que l'entreprise qui avait reçu un commencement d'exécution, était irréalisable à cause de ses immenses proportions : il fit donc détruire à peu près tout, ne laissant que quelques fondations qui parurent aux architectes devoir être utiles aux futures constructions. La glorieuse entreprise commencée par Thierry fut achevée par l'abbé Hérimar, son successeur, qui, après avoir mis la dernière main à l'œuvre, ne pensa plus qu'à le rendre plus auguste par la solennité d'une sainte et illustre dédicace. L'évêque de Toul, Bruno, venait d'être élu pape sous le nom de Léon IX. Hérimar, qui le connaissait, lui adressa des lettres pour se réjouir de son élection au souverain pontificat, et le faire souvenir de la promesse qu'il avait faite de venir au tombeau de saint Remi, lui disant l'extrême désir qu'il avait de voir son église consacrée par le Souverain Pontife. Léon IX, plein d'amour pour le grand

évêque de Reims, y consentit, et la dédicace solennelle
eut lieu en 1049.

Mais laissons la parole à un témoin oculaire, le
moine Anselme dont nous nous contenterons d'analy-
ser le récit (1).

Le seigneur pape prit le chemin qui conduisait à
Reims. Il trouva chaque soir sur la route un logement
disposé pour y passer la nuit, et arriva au village de
Courmelois la veille de la fête de saint Michel. L'abbé de
Saint-Remi vint à sa rencontre jusque-là, et prit soin
de lui procurer à lui et à toute sa suite, tout ce dont il
pouvait avoir besoin. Le lendemain, le pape arriva à
Saint-Remi, accompagné des archevêques de Trèves,
de Lyon et de Besançon, et de plusieurs autres prélats,
entre autres, Jean, évêque de Porto, et Pierre, diacre de
l'Église romaine et préfet de la ville. Tous les religieux
de Saint-Remi, l'abbé en tête, se tiennent sur le parvis
de la basilique, avec les évêques de Senlis, d'Angers
et de Nevers, qui portent le texte de l'Évangile, l'eau
bénite et l'encens.

Le Souverain Pontife s'avance vers l'autel de Saint-
Christophe, et pendant qu'il fait ses dévotions devant
le tombeau de l'Apôtre vénéré des Francs, toutes les
voix s'unissent dans un commun transport pour
chanter le *Te Deum.* Puis le pape donne au peuple,
heureux de sa présence, la bénédiction apostolique.
Ensuite le cortège se remet en marche au chant des
psaumes et des cantiques, et bientôt on arrive aux
murs de la cité (2). Le clergé de Reims avec son archevêque, Guy Ier de Châtillon, et plusieurs évêques

---

1. Anselme, religieux de Saint-Remi, entreprit vers l'an 1060, par l'ordre
de l'abbé Hérimar, le récit du voyage de St Léon IX et de la dédicace de
l'église de Saint-Remi. L'ouvrage intitulé *Itinerarium Leonis,* se trouve
dans les Bollandistes, tome Ier d'octobre, à la suite de la *Vie de saint Remi.*

2. Il faut se souvenir que l'église et le monastère de Saint-Remi étaient en
dehors de la ville.

s'avance au-devant du Souverain Pontife. On arrive à l'église Sainte-Marie (la cathédrale) où le pape célèbre le saint Sacrifice et donne de nouveau au peuple la bénédiction apostolique ; puis on se rend au palais archiépiscopal.

Le lendemain, Léon IX retourna à Saint-Remi, accompagné seulement de deux chapelains. Il se fit préparer un appartement près de l'église, ne voulant pas s'y rendre publiquement. Car, dit le chroniqueur, il était venu de tous les côtés une si grande multitude de pèlerins, que l'église, bien que grande et spacieuse, était insuffisante à les contenir. On voyait accourir des pays voisins comme des provinces les plus reculées, une foule innombrable de tout sexe et de tout âge. Toute la fière nation des Francs, paysans et citadins, prolétaires et bourgeois, s'empressaient de venir rendre hommage à leur glorieux Apôtre; les Gaulois surtout s'y étaient rendus par milliers. Parmi eux se pressait la foule illustre des évêques, des abbés, des moines et des clercs.Nobles et roturiers, riches et pauvres accouraient confondus. Tous, comme une mer immense, pressaient leurs flots serrés, avides de baiser la châsse précieuse qui renfermait une perle céleste, et d'y offrir des présents en proportion de leurs moyens. Ceux qui ne pouvaient percer la foule, gémissaient de se voir dans l'impossibilité de satisfaire leurs pieux désirs et, dans leur religieuse ardeur, ils lançaient de loin sur le tombeau du Saint les dons qu'ils avaient apportés.

La foule n'était pas moins désireuse de voir le successeur de JÉSUS-CHRIST, et plusieurs fois ce jour-là le pape dut paraître au balcon de son appartement pour les exhorter et leur donner sa bénédiction. Pendant la nuit, on fit évacuer l'église pour la solennité de la dédicace du lendemain : mais ce ne fut pas chose facile à cause de la multitude, et Léon IX dut mena-

cer de repartir sans la consacrer. Le peuple se retira
donc sur le parvis, y alluma des feux, pendant que
l'église éclatante de flambeaux était comme un firmament parsemé d'étoiles et retentissait des hymnes et
des cantiques que les serviteurs de Dieu y firent entendre pendant cette nuit mémorable.

Vers l'heure de tierce, le Saint-Père, revêtu de ses
habits pontificaux, partit pour aller au tombeau de
saint Remi, avec la croix et l'encens. Il était suivi des
archevêques de Reims, de Trèves, de Lyon et de Besançon, de nombreux évêques, de l'abbé de Saint-Remi,
du vénérable Hugues, abbé de Cluny, et de plusieurs
religieux de cet ordre. On souleva la châsse de saint
Remi, et le pape, les archevêques et les abbés la portèrent sur leurs épaules en pleurant d'émotion et de
piété pendant que les religieux faisaient entendre des
chants d'allégresse et de triomphe. Tous les yeux
étaient baignés des larmes d'un saint attendrissement;
tous les cœurs palpitaient d'amour pour notre glorieux
patron et brûlaient d'en mériter les faveurs. Le pape
les voyant tous se presser à l'envi pour porter la sainte
châsse leur céda ce précieux trésor et se retira dans la
chapelle de la Sainte-Trinité qui renfermait une habile reproduction du sépulcre du Sauveur.

Enfin les portes de l'église s'ouvrent, et ce joyau
céleste est offert aux avides regards de la multitude.
La foule innombrable dans l'enthousiasme de sa joie,
se met à pousser des acclamations et des chants de
triomphe. Une admirable procession se met en marche, et la châsse qui contient les reliques vénérées du
grand Apôtre, plutôt entraînée et ballottée que portée,
ressemble à un vaisseau emporté par la fureur des
vagues ; on se l'arrache, on se dispute l'honneur de ce
bienheureux fardeau, et depuis la nouvelle église jusqu'à la cathédrale, toute la route est le théâtre de cette

pieuse rivalité. Après avoir passé un jour et une nuit au milieu des prières et des chants, la procession se remet en marche autour des murailles de la ville et, pendant ce temps, les autels de l'église sont consacrés par les évêques, le pape se réservant la consécration de l'autel principal et de l'édifice tout entier. Au retour de la procession, la multitude était si compacte que le glorieux Apôtre faillit ne pouvoir entrer dans la somptueuse demeure qui lui avait été préparée. Le pape avait fait refermer les portes de l'église, et la châsse, introduite par une fenêtre, fut déposée sur le grand autel, dédié à l'honneur des apôtres saint Pierre et saint Paul, des martyrs saint Clément et saint Christophe et du bienheureux saint Remi, et le Souverain Pontife célébra solennellement la messe de la dédicace. Après la lecture de l'Évangile, le pape, montant en chaire, adressa une exhortation au peuple qui, bien que les portes eussent été fermées, avait pénétré dans l'église par les fenêtres. Il leur parla de la sainteté du temple, leur ordonna de faire mémoire dans tout le diocèse de Reims de l'anniversaire de ce beau jour, et frappa d'anathème tous ceux qui voudraient s'opposer au pieux empressement des fidèles à venir, chaque année, célébrer dans ce saint lieu ce glorieux anniversaire.

C'est ainsi, ajoute le moine Anselme, que le pieux pontife de Rome opéra la quatrième translation du corps du bienheureux saint Remi, et termina heureusement la dédicace du saint lieu. Avant de quitter Reims, après le concile qu'il avait tenu, il se rendit de nouveau dans la basilique et, après avoir fait une longue prière, il prit sur l'autel la châsse, la mit avec respect sur ses épaules, et la transporta, au milieu des chants sacrés, jusqu'au magnifique tombeau qui lui avait été destiné. Il se prosterna devant les ossements sacrés à plusieurs reprises, en versant des larmes, et enfin se mit en route. Il emportait de ce voyage, comme glorieuse récompense, le feu divin du saint amour dont son cœur désormais devait toujours brûler pour saint Remi : c'est du reste ce que témoigne une lettre qu'il écrivit dans la suite aux évêques de France.

III.

Cette église de Saint-Remi, construite sous les trois abbés Airard, Thierry et Hérimar, et consacrée par le pape saint Léon IX, manquait de trois parties considérables : elle était sans voûte, sans portail et sans abside. Pierre de Celles, abbé de Saint-Remi, vers l'an 1170, acheva l'œuvre de ses prédécesseurs. Il commença par le grand portail, puis il construisit l'abside dans le style ogival, et remplaça les cintres de bois par une voûte en pierre.

Vers la fin du XIVe siècle, Jean Canart éleva le clocher du transept qu'il fit couvrir en plomb. Un siècle et demi plus tard, Robert de Lenoncourt, archevêque de Reims, fit construire cet élégant portail du midi dont on ne se lasse pas d'admirer la riche croisée et les inimitables sculptures. Ce fut lui aussi qui donna, en 1531, ces dix admirables tapisseries dont nous donnons la reproduction, et dont on trouvera l'explication à l'Appendice Ier ([1]). En 1602, Philippe du Bec, archevêque de Reims et abbé commendataire de Saint-Remi, fit refaire la grande rosace qui fait face au portail de Lenoncourt ; elle ne fut achevée que sous l'épiscopat du cardinal Louis de Lorraine, qui mourut en 1621. D'importantes réparations durent encore être faites en 1662, 1725 et 1750. Vers la fin

---

1. Voir plus loin, *Appendice* Ier.

du XVIIIe siècle, les religieux de Saint-Remi se disposaient à rebâtir le portail de l'église lorsque la révolution éclata. Tous les projets furent suspendus, et le vieux monument fut dévasté. L'église de Saint-Remi devint un manège et, pour l'agrandir, on mutila les piliers qui soutenaient la voûte du transept, devenu comme le centre de l'établissement où chevauchaient ces écuyers vandales.

Le vandalisme révolutionnaire qui avait détruit complètement l'église de Saint-Nicaise et un grand nombre d'autres édifices religieux, avait heureusement épargné Saint-Remi, mais le monument élevé par les siècles chrétiens était dans un triste état. Rendu au culte catholique en 1803, il fut heureusement restauré par des hommes de goût à partir de 1825 jusqu'à nos jours. Enfin le Souverain Pontife Pie IX, par lettres apostoliques du 28 juin 1870, daigna élever au rang de basilique mineure l'illustre église de Saint-Remi, accordant une indulgence plénière aux conditions ordinaires à ceux qui la visiteraient le 13 janvier, jour anniversaire de la mort du Saint, et le 1er octobre, anniversaire de la translation de ses reliques.

IV.

Après avoir brièvement rappelé l'histoire de l'église, disons quelques mots des reliques de saint Remi depuis le jour où l'archevêque Hincmar, après les avoir reconnues, les fit enfermer, comme nous l'avons dit, dans cette châsse qui ne devait être ouverte que huit cents ans plus tard, en 1646.

En 1533, Robert de Lenoncourt (1), abbé commen-

---

1. Il ne faut point confondre le cardinal Robert de Lenoncourt avec l'archevêque Robert, son oncle, mort en 1532. Ils furent tous deux abbés commendataires de Saint-Remi. C'est à l'archevêque de Reims qu'est dû le portail sud et les dix tapisseries dites de Saint-Remi qui représentent la vie et les miracles de l'Apôtre des Francs. Le neveu, le cardinal Robert de

dataire de Saint-Remi, évêque de Châlons et plus tard
cardinal, voulut doter son église d'un tombeau digne
du trésor qu'il devait renfermer ; la pierre, le marbre,
l'or, l'argent et les pierreries apportèrent leurs richesses,
et ce splendide monument, terminé en 1537, devait,
pendant deux siècles et demi, abriter les reliques du
saint patron de la ville de Reims. C'est devant ce tombeau que venait prier et souvent passer la nuit le
Bienheureux de la Salle.

L'ancienne châsse d'Hincmar qui n'était que de
bois revêtu d'une lame d'argent, avait subi les injures
du temps. Le grand prieur Oudart Bourgeois fit faire
une autre châsse magnifique en argent massif ; et, en
1646, sur la tradition que le corps du Saint était encore
entier et sans corruption, l'archevêque de Reims, Léo-
nor d'Estampes de Valançay, fit faire la reconnaissance
des reliques qui furent retrouvées dans l'état où Hincmar les avait placées. Le grand prieur de Saint-Nicaise,
dom Marlot, nous a laissé dans son histoire du *Tombeau de saint Remi*, la curieuse relation de cette reconnaissance des reliques du grand évêque ([1]).

L'orage révolutionnaire éclate, emportant les chefs-
d'œuvre de l'art et accumulant les ruines. En un jour
de folie et d'impiété, le 23 octobre 1793, les reliques
vénérées de saint Remi sont profanées, la châsse brisée
pour être envoyée à la Monnaie, et le mausolée tombe
sous le marteau des nouveaux vandales. De toutes ses
richesses, seules les statues des Pairs de France qui
entouraient le monument, trouvent grâce devant les
démolisseurs. Qui arrêta leurs bras ? Est-ce qu'ils ne
trouvèrent à ces magnifiques statues aucune valeur

Lenoncourt, fit construire le magnifique mausolée détruit à la Révolution et
dont il ne reste que les statues des Pairs de France qui ornent le tombeau
construit en 1847.

1. Cf. DORIGNY, *Histoire de la vie de saint Remi*, p. 330 et seq.

vénale ? Toujours est-il qu'elles furent reléguées dans la bibliothèque du monastère de Saint-Remi. Dieu les gardait pour reprendre un jour leur place d'honneur autour du saint Patron de la France.

Les reliques vénérées de saint Remi avaient été enterrées dans l'enclos du monastère avec les restes d'un soldat mort, et les mauvais jours n'étaient pas encore passés que, le 5 juillet 1795, la piété des Rémois arrachait à la fosse où ils avaient été jetés les ossements de notre Saint : l'authenticité en fut scrupuleusement constatée, et on les enferma dans une caisse de bois. Le premier octobre de l'année suivante, ces restes précieux furent reportés dans l'église, qui, plus heureuse que beaucoup d'autres, était demeurée debout.

Pour les abriter, il fallait un tombeau nouveau. En 1803, un généreux rémois, M. Ludinard de Vauxelles, en fit les frais ; l'édicule qu'il éleva était une rotonde formée de huit colonnes entre lesquelles on replaça les statues de l'ancien tombeau. Sous la présidence du cardinal de Latil, en 1824, eut lieu la révision solennelle du procès-verbal constatant l'authenticité des reliques de saint Remi, et ses ossements furent placés dans la châsse en cuivre argenté qui existe encore aujourd'hui, et qui bientôt, nous l'espérons, sera remplacée par une autre plus riche et plus artistique, grâce à l'activité et au zèle de M. l'abbé Baye, curé actuel de la basilique, et aux généreuses offrandes des fidèles amis de notre Saint.

Le tombeau dû à la piété et à la munificence de M. Ludinard, se ressentait du mauvais goût de l'époque ; aussi quand, avec la paix religieuse, les arts reprirent leur essor, quand on eut entrepris la restauration de l'église de Saint-Remi, on comprit la nécessité de mettre le tombeau en rapport avec la splendeur de l'édifice. Monseigneur Gousset, plus tard cardinal, venait de monter sur le siège de saint Remi et, dès le début de son épiscopat, il allait aider à la glorification du plus illustre de ses prédécesseurs (1).

V.

Afin de montrer, en terminant, comment saint Remi fut le protecteur des peuples, des Français en particulier et de sa ville épiscopale, nous laisserons la parole à l'un des plus illustres érudits rémois, M. le chanoine Cerf, qui résume admirablement les grâces extraordinaires obtenues, dans la suite des siècles, par l'intercession publique du glorieux Apôtre des Francs. Il faut que le peuple français sache lire son histoire mieux encore qu'il la revive.

La confiance persévérante des hommes pour les saints, dit-il, prouve, jusqu'à l'évidence, que ces derniers ont toujours été considérés comme les bienfaiteurs de l'humanité et les protecteurs des peuples.

Les saints aiment les chrétiens encore sur la terre, et les chrétiens aiment les saints arrivés au ciel. Un commerce ineffable s'établit entre les exilés d'ici-bas et les habitants de la patrie.

Si les saints n'exauçaient pas, sinon toujours, du moins souvent nos prières, leur invocation persisterait-elle depuis le berceau de l'Église ? Il serait étrange que les fidèles se donnassent rendez-vous autour d'une poussière humaine, et cela pendant nombre de siècles, s'il ne s'était réellement passé là des faits extraordinaires. Pour que la prière soit perpétuelle, il faut qu'elle recueille le fruit de ses instances, comme cela se voit depuis quatorze siècles aux pieds de saint Remi. La

---

1. Voir la description du tombeau actuel de saint Remi à la fin du volume. *Appendice* II.

perpétuité du pèlerinage à son tombeau est la meilleure preuve des grâces obtenues.

Aussi est-ce avec raison que l'Église, dans l'office liturgique du saint pontife, chante et répète qu'il a été l'ami de la cité, *vir amator civitatis ;* le soutien de la nation, *firmamentum gentis ;* l'appui de son peuple, *stabilimentum populi,* et son père : *pro affectu pater appellabatur.*

Nouveau Joseph, dans un temps de disette, il le nourrit ; pasteur vigilant, il le défend contre les attaques du démon ; apôtre, il l'engendre à JÉSUS-CHRIST ; thaumaturge, pour lui il multiplie les prodiges racontés par les historiens les plus graves, illustrés par tous les arts, burinés sur tous nos monuments religieux.

Comme preuve de la perpétuelle protection de saint Remi, rappelons en peu de mots quelques-uns des miracles qu'il a opérés depuis sa mort. Ceux qu'il fit avant d'entrer au ciel ont été racontés dans les divers chapitres de cette histoire.

Le saint Pontife meurt au milieu des prodiges, après avoir miraculeusement recouvré la vue. A peine ses restes précieux ont-ils été déposés dans le tombeau, que ses ossements sont visités : *ossa ipsius visitata sunt :* les rois, les reines, les peuples viennent implorer son assistance, et le Père entend la voix de ses enfants et leur répond, *defunctus adhuc loquitur.* Dans les maladies contagieuses, dans les temps de sécheresse, dans les pluies trop abondantes, à la prière de saint Remi, le ciel devient clément et atteste que son tombeau est celui de l'homme de Dieu, *sepulcrum est hominis Dei* (1). Aussi peut-on affirmer que la vie posthume du saint Pontife a été une suite non interrompue de prodiges et de bénédictions de tous genres.

---

1. Office de saint Remi.

Quelques années après la mort du saint évêque, une peste épouvantable, la *peste inguinaire*, ravage l'Allemagne. Elle gagne bientôt le pays rémois faisant de nombreuses victimes. Elle est aux portes de Reims ; frappés de terreur, les habitants courent au tombeau de leur protecteur, brûlent des cierges en son honneur, passent la nuit en prières. Leur foi sera récompensée. Une pensée, venue du ciel, inspire au clergé d'organiser une procession. Le corps de saint Remi n'étant pas encore levé de terre, on porte en grande pompe, autour de la ville, le *Brandeum* ou *suaire* qui couvre son sépulcre. La ville est protégée. Les habitants comprirent alors qu'ils avaient un rempart inexpugnable contre les calamités : ils s'en souvinrent.

> La peste vint de Reims pourchasser
> Les corps humains, n'épargne laid ni beau.
> Les citoyens por icelle chasser
> Portent le drap prins dedans son tombeau.
>
> *(IXe tapisserie de Saint-Remi.)*

Au IXe siècle, les Normands menacent la ville de Reims, dégarnie de ses murs ; par mesure de sûreté, l'archevêque Hincmar transporte la châsse de saint Remi à Épernay, et meurt presque ausssitôt. Le 3 mai 883, son successeur, Foulques, se rend à Orbais, où l'on avait dû mettre en sûreté le corps du saint évêque et le ramène à la cathédrale, au milieu d'un grand concours de peuple. Les historiens assurent que la marche triomphale vers Reims fut marquée par de nombreux prodiges, à Chaumuzy, à Villedommange et à Reims. Deux aveugles, la femme Dole et le jeune Grimoald, recouvrent la vue, et une paralytique est guérie. Les miracles deviennent plus marquants, aux approches de la ville. Trois aveugles, la femme Osanna,

Teuton et Ansoalds, sont guéris, ainsi qu'un boiteux et la sourde Déotate (1).

La châsse demeure à la cathédrale jusqu'à l'année 901. Rassuré par la fuite des Normands, l'archevêque Hervé, le lendemain de la fête des saints Innocents, en présence du roi Charles III, de Richard, duc de Bourgogne et de toute sa cour, reconduisit le corps de saint Remi au lieu de sa première sépulture. Dans la rue du Bourg Saint-Denis, en face l'hôpital de Saint-Marcoul, un pauvre malheureux de Villedommange, nommé Abraham, se traînait par terre à l'aide de deux petites escabelles, en attendant le passage du cortège : sous les yeux de la foule il fut guéri. En souvenir de ce prodige marquant, le moine bénédictin Sigloard fit ériger une croix à l'endroit du miracle et composa une inscription latine qu'il plaça sur le pied. Jusqu'en 1731, on vit ce témoignage authentique adossé contre le mur de l'hôpital Saint-Marcoul.

En 926, la châsse de saint Remi est de nouveau transportée dans la cathédrale, dans la crainte des Hongrois qui étaient à la frontière.

Vers le milieu du XIe siècle, en 1049, un triomphe exceptionnel était réservé à saint Remi, le pape Léon IX venait à Reims pour le glorifier. Pendant trois jours la ville fut en fête. La première journée fut employée à la translation des reliques du saint évêque, dont le pape voulut porter la châsse avec les archevêques de Reims, de Trèves, de Lyon, de Besançon et d'autres dignitaires. La nouvelle église élevée en l'honneur de saint Remi fut consacrée le deuxième jour, par Léon IX, en présence de plusieurs évêques. Le lendemain le Souverain Pontife présida un Concile, durant lequel éclata la puissance de saint Remi. Le

---

1. Les historiens FLODOARD, MARLOT, DORIGNY, *Prior* ARMAND.

pape alors s'écria : *Adhuc vivit B. Remigius.* Oui, il vivait encore comme le prouvent les bénédictions accordées par lui ; il vivait aussi dans les cœurs, comme l'attestent les honneurs qui lui furent rendus.

En 1346, nouvelles calamités, nouvelles supplications, nouvelles preuves de la protection de saint Remi. La *peste noire* se répand, du fond de l'Asie, dans l'Afrique et dans l'Europe : au dire des auteurs du temps, elle décime la troisième partie du monde ; Reims trouva son salut auprès du tombeau du saint Pontife. Jamais il ne s'y fit plus de miracles. C'est ce qu'affirmèrent à ce moment les Vicaires généraux de l'archevêque Jean de Vienne, dans un Mandement adressé aux fidèles ([1]).

Édouard d'Angleterre, en 1359, après plus d'un mois de siège, se retire honteusement de Reims, c'était le 11 janvier, la veille de la fête de saint Remi ; la protection est-elle assez visible ?

Le royaume de France a toujours été l'objet spécial des bontés de la Providence ; c'est ce que le Ciel fit sentir de la manière la plus éclatante sous le règne de Charles VII, en armant le bras de Jeanne d'Arc, qu'il tira d'une terre de la dépendance de l'Église de saint Remi, et qui portait le nom de Dom-Remy. Est-il téméraire, dit le P. Dorigny, de penser que le saint Pontife dut intervenir auprès de Dieu dans cette circonstance mémorable ([2]) ?

En action de *grâce de la paix*, le corps de saint Remi fut porté en procession générale, en l'année 1475.

---

1. *Mandement du 7 septembre*, conservé à la Bibliothèque de l'Hôtel-de-Ville : P. Dorigny, p. 312. Dans cette lettre les Vicaires généraux rappellent les grâces obtenues par les habitants de Ludes, de Tilly, de Bouvancourt.

2. *Histoire de saint Remi*, p. 310.

La dévotion du moyen-âge envers saint Remi s'est conservée dans les temps modernes.

En 1536, le cardinal de Lenoncourt fait construire le mausolée superbe, détruit en 1793.

L'année suivante, 1537, le corps du saint Pontife est encore porté processionnellement en action de grâce de la paix.

A l'occasion des *guerres de religion*, 1568, eut lieu la même manifestation. Le cardinal de Lorraine, archevêque de Reims, y assista pieds nus, et portant la vraie Croix.

En 1590, pour la *cessation des maux* qui affligeaient la France après la mort de Henri III ; en 1615, pour obtenir de la *pluie ;* en 1624, à cause d'une cruelle *dyssenterie ;* en 1626, à raison de la *famine ;* en 1636, pour remercier Dieu de la cessation de la *peste*, le corps de saint Remi fut porté en procession.

Il fut exposé dans le chœur, en 1643, à l'occasion de la *maladie* de Louis XIII. Trois ans après, 1646, on fit deux visites juridiques des ossements du saint Pontife.

En 1650, l'ancienne châsse est mise dans une nouvelle en argent, et portée processionnellement à cause de la guerre.

Une *peste terrible,* en 1668, décime la France. Les habitants de Reims sont dans l'effroi ; par crainte de la contagion, ils se renferment dans leurs demeures ; déjà des atteintes s'étaient fait sentir dans la ville. Le cardinal Barberin, malgré cette appréhension, ordonne une procession : durant cinq jours la châsse sera portée dans les églises et les principales rues. Après trois jours de jeûne, le dimanche 23 septembre, commencent les grandes manifestations, dont le Père Dorigny a laissé un très intéressant récit, emprunté à une relation imprimée à Reims à cette époque (¹), et dans laquelle sont mentionnées de nombreuses grâces obtenues, qui à chaque instant ranimaient la confiance. Pour n'en citer que quelque-unes, rappelons que, dans l'abbaye de Saint-Pierre-les-Dames, trois religieuses infirmes retrouvèrent la santé (²). La mère de Cigy, religieuse de la Congrégation de Notre-Dame, qui avait la langue paralysée depuis deux ans, au point de ne pouvoir se confesser que par écrit, retrouva l'usage de la parole. La guérison fut si extraordinaire, que Monseigneur, qui suivait la procession, permit aux religieuses de chanter devant la châsse le *Te Deum* en action de grâces (³).

La châsse portée sur les épaules des magistrats, rentra triomphalement dans l'abbaye ; presque aussitôt le fléau cessa. Chose remarquable, depuis le 22 septembre, pas une seule maison, dans tout le ressort du Ban Saint-Remi, ne fut infestée de la contagion.

Cette manifestation, une des plus belles dont Reims fut témoin, n'a pas été la dernière. En 1725, à cause de pluies continuelles, la châsse fut exposée dans la nef pendant neuf jours. Elle le fut encore durant le même nombre de jours, au même endroit, en 1757, en action de grâces de la conservation du roi Louis XV, et en mémoire de l'année centenaire de la translation du corps de saint Remi dans la châsse d'argent, qu'on n'avait pu célébrer en 1750 à cause des réparations de l'église.

Survinrent les temps malheureux où il était impossible à la foi populaire de manifester ses élans.

---

1. P. DORIGNY, p. 337. *Relation des cérémonies, des prodiges, des manifestations*, imprimée à Reims, 1668.

2. Témoignage de Madame Audry, religieuse de mérite, des plus anciennes de la communauté.

3. Témoignage de la Révérende Mère Frizon, supérieure de la Congrégation.

Mais après le retour de la paix religieuse en France, les témoignages de la piété recommencent.

La châsse fut portée solennellement, en 1802, mais seulement dans la paroisse, en réparation des outrages de l'impiété.

Le 24 septembre 1820, elle fut portée processionnellement à la cathédrale et ramenée en l'église Saint-Remi, où elle demeura exposée pendant neuf jours pour les prières demandées dans toute la France, et spécialement à Reims, pour l'heureuse délivrance de la duchesse de Berry, la naissance d'un prince et la prospérité de la monarchie. Toutes les paroisses de la ville et des villages voisins se rendirent chacune à leur tour au tombeau de saint Remi.

En 1832, le choléra est aux portes de Reims : les habitants s'adressent à leur saint protecteur ; comme toujours, il écoute leurs prières.

Le fléau reparaît en 1849. Mgr Gousset ordonne une neuvaine. Une procession, rappelant les plus beaux jours, est organisée. La châsse est amenée à la cathédrale et déposée sur une riche estrade. L'archevêque inspiré en gravit les degrés ; d'une main il tient la châsse ; il bénit la foule de l'autre. La ville fut préservée. L'*Ami de la Religion*, dans son numéro du 15 septembre 1849, fit un touchant récit de la cérémonie.

C'est le dernier triomphe dont le corps du bienheureux Pontife ait été l'objet dans les rues de la cité.

On ne compte plus les témoignages d'amour que saint Remi donna à son peuple, et ceux que celui-ci lui rendit. Depuis le VIe siècle jusqu'à nos jours, seize fois publiquement imploré, seize fois le saint Pontife exauça les prières qui lui étaient adressées. Aussi les bienfaits reçus augmentèrent la confiance des fidèles. Elle est telle aujourd'hui que l'on se demande si elle

peut encore augmenter. Les manifestations du XIVe
Centenaire du baptême de Clovis et de ses Francs par
saint Remi nous en donneront une nouvelle preuve.

VI.

En finissant cette *Vie de saint Remi, apôtre des
Francs*, nous répéterons le cri d'amour que nous avons
poussé en la commençant : « VIVE LE CHRIST QUI
« AIME LES FRANCS ! Qu'il garde leurs royaumes et
« remplisse leurs chefs de la lumière de sa grâce ! Qu'il
« protège leurs armées ! Qu'il leur accorde des signes
« qui attestent leur foi, les joies de la paix et la féli-
« cité ! Que le Seigneur JÉSUS-CHRIST dirige dans les
« voies de la piété les règnes de ceux qui gouvernent :
« car cette nation est celle qui, brave et forte, secoua
« de sa tête le dur joug des Romains, et qui après
« avoir reconnu la sainteté du baptême, orna somp-
« tueusement d'or et de pierres précieuses les corps
« des saints martyrs, que les Romains avaient brûlés
« sur le feu, ou fait déchirer par les bêtes féroces. »

Saint Remi, du haut du ciel, gardez vos enfants et
protégez la France !

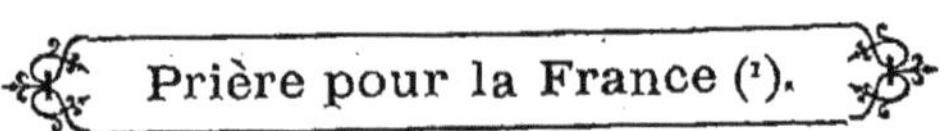

Dieu tout-puissant et éternel qui avez établi l'Empire des Francs pour être dans le monde l'instrument
de votre très sainte volonté, le glaive et le bouclier de
votre sainte Église, nous vous en prions, prévenez tou-

---

1. Cette prière est tirée d'un missel du IXe siècle, et le savant cardinal Pitra
pense qu'elle était usitée dès le VIIe siècle.

jours et partout de votre céleste lumière les fils sup-
pliants des Francs, afin qu'ils voient ce qu'il faut faire
pour l'établissement de votre règne en ce monde, et
que pour accomplir ce qu'ils auront vu, leur charité et
leur force aillent toujour en s'affermissant. Par JÉSUS-
CHRIST Notre-Seigneur. Ainsi soit-il.

APPENDICES.

APPENDICE I.

Description des tapisseries de Saint-Remi (1).

LES tapisseries de Saint-Remi sont au nombre de dix, toutes d'égale grandeur et de forme pareille. Elles furent données en 1531, à cette église, par Robert de Lenoncourt, abbé commendataire de Saint-Remi. Elles représentent la *Bataille de Tolbiac*, le *Baptême de Clovis*, *la Peste de Reims* et les divers événements qui donnèrent lieu aux miracles de l'Apôtre des Français. « Les tapisseries de Saint-Remi, dit M. Vitet dans son rapport, sont des chefs-d'œuvre moins parfaits, quant au dessin et quant à la perspective, que ceux de Valenciennes, mais aussi beaux de couleur et de travail. Les têtes ont ce regard sérieux et expressif qu'on remarque dans les premiers tableaux de l'école allemande. Il est même probable qu'un peintre de cette école en aura fait les modèles. C'est surtout à l'envers qu'il faut voir ces beaux tapis ; les couleurs, garanties de ce côté contre l'action de l'air, ont conservé presque tout leur éclat. Sur les dix tapisseries de Saint-Remi, il y en a quatre moins altérées que les autres, et qui paraissent avoir moins servi. En effet, dans les processions et autres cérémonies, on n'étalait en général que six tapisseries. »

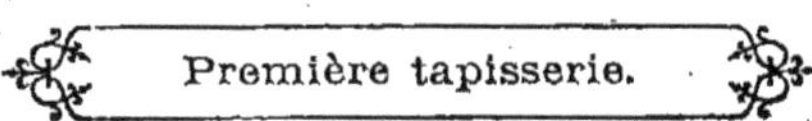

Première tapisserie.

La première de ces tapisseries offre un ensemble parfait et un agencement plein d'harmonie, malgré le grand nombre de scènes diverses et de personnages

---

1. Nous n'avons donné dans cet appendice que la description des tapisseries ou partie de tapisseries dont on trouvera les gravures dans ce volume.

qui s'y trouvent retracés. En haut, vers la gauche, on
aperçoit JÉSUS-CHRIST et les Apôtres regardant un
ermite endormi auprès d'une chapelle. Cet ermite est
saint Montan aux pieds duquel est tracé ce quatrain en
écriture gothique :

> Dieu puissant dist à Montain,
> Près son hermitage endormy,
> Que Celinie pour tout certain
> Aurait ung fils nommé Remy.

Parmi les Apôtres, il faut remarquer surtout celui
qui est à l'extrémité du groupe vers la droite. Le type
de sa physionomie est tout-à-fait allemand.

Au centre de cette tapisserie, dans une chambre
élégamment meublée, qu'entoure un gracieux enca-
drement, l'artiste a représenté les premiers soins
donnés à saint Remi qui vient de naître.

En haut de la tapisserie, sur la droite, nous apercevons sainte Cilinie, accompagnée de trois personnages, dont un est coiffé d'un capuchon assez semblable
à celui que l'on donne ordinairement au Dante. Saint
Montan, qui est aveugle, vient à elle, appuyé sur un
bâton, et au-dessous d'eux on voit ces mots :

> Espérant la veue recouvrir,
> De vers Celinie se transporte,
> Car Dieu lui promit d'y ouvrir
> Par le mystère qu'il rapporte.

Au-dessous on voit saint Remi, que sa mère tient
dans ses bras, rendant la vue à saint Montan, ainsi que
l'explique la légende (p. 17).

Les principaux personnages de cette tapisserie ont
leurs noms écrits au-dessous ou à côté d'eux. On remarque la même chose dans les autres sujets.

Deuxième tapisserie.

La deuxième tapisserie nous montre saint Remi devenu ermite. Sa piété et sa sainteté ont rendu son nom si célèbre, que le clergé et un grand nombre de laïcs viennent, bannière en tête et revêtus de leurs plus riches habits, le chercher dans son ermitage pour le nommer évêque. Remi refuse d'abord ; mais bientôt, vaincu par leurs instances, il se rend aux vœux qui lui sont exprimés ; nous le voyons, entouré de plusieurs évêques, assis sur le siège épiscopal, tandis qu'on lui impose la mitre et qu'on lui présente l'anneau pastoral (p. 25.)

A droite de ce sujet, on voit un homme qui s'agenouille devant saint Remi, lequel lui tend une aumône. Près de là sont deux démons qui s'enfuient et semblent regretter le corps d'où le grand évêque vient de les chasser. C'est ce qu'indique la légende suivante en deux quatrains :

> En l'hermitage où saint Remy repose,
> Tout le clergé à bien faire empesché
> Le va prier, disant qu'il se dispose
> Pour accepter de Reims l'archevêché.

> Faisant reffus, à l'église on le mène ;
> Là est sacré d'aulcuns dévôts prélatz ;
> Donnant l'aumône ung jour de là semaine
> Ung démoniacle il remist en soulas.

Troisième tapisserie.

La troisième tapisserie retrace quatre miracles de saint Remi. Le premier qui occupe une grande partie de cette belle page, nous montre *la ville de Reims livrée aux flammes*. Nous voyons les citoyens, armés de seaux, monter aux échelles et chercher à éteindre l'incendie ; puis, sur le premier plan, saint Remi en costume épiscopal, tenant d'une main la croix et de l'autre excommuniant deux diables qui s'enfuient à toutes jambes.

Au bas de ce sujet on lit :

> Diables avaient dedans Reims le feu mis
> Pour le mectre en adversité ;
> Mais saint Remy chasse tels ennemis,
> Et préserva de feu cette cité.

Au-dessous de ce sujet, dans un fort petit espace, nous voyons saint Remi rendant la vie à un démoniaque. Cette femme est morte et étendue sur un lit ; le saint la bénit et la ressuscite.

Au-dessous de ce fait sont tracés ces quatre vers :

> Une pucelle avait le diable au corps
> Qui au sortir à dure mort la livre ;
> Sainct Remy faist que par divins accords
> La ressuscite et de mal la délivre.

A l'autre extrémité de la tapisserie, saint Remi est représenté à table avec plusieurs personnes. Des serviteurs apportent différents mets ; dans l'angle est un chien, et sur la table on voit plusieurs oiseaux.

Au-dessous de cette scène, on lit :

> Sans crainte, les oiseaux des champs
> Venoient mangier dessus la table,
> Et dilectoient par leurs doux chants
> Le sainct piteux et charitable.

Le miracle qu'on voit reproduit au-dessous de ce sujet est celui qu'expliquent ces paroles :

Un tonneau vuyde à sa parente
Il bénit, puis fut plein de vin ;
Par grâce de Dieu apparente
Faisait maint ouvrage divin.

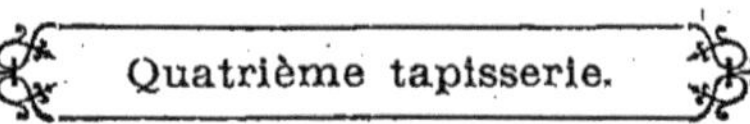

La quatrième tapisserie représente, dans le lointain et d'une manière fort confuse, la *Bataille de Tolbiac* (p.57). Nous y voyons d'abord Clovis, puis son conseiller Aurélien, par l'avis duquel le fondateur de notre monarchie invoqua le Dieu de Clotilde. Le roi est au plus fort de la mêlée ; il porte le costume militaire, non de son siècle, mais du XVIe. Son casque, ainsi que celui de plusieurs autres combattants, est orné d'un long panache flottant, et les chevaux sont caparaçonnés de fer. Sur les drapeaux ennemis, on distingue l'aigle noire à deux têtes ; sur les bannières françaises, de même que sur le casque de Clovis, on voit pour armoiries des crapauds ou des grenouilles.

Cette dernière circonstance demande une explication. On sait que, selon nos anciens chroniqueurs, avant que les fleurs-de-lys eussent été apportées du ciel à Clovis, trois crapauds étaient les armes de nos ancêtres. Voilà pourquoi Nostradamus appelle le roi de France, l'héritier des crapauds (Voy. ses *Centuries*), et pourquoi Jean Naucler a écrit que Clovis portait dans son écusson trois grenouilles de sinople en champ d'argent. C'est aussi ce qui faisait dire à Artevelde que les Français, pour l'atteindre, ne passeraient pas la Lys, à moins qu'ils ne se fissent crapauds.

Au moyen-âge, cette fable était adoptée si univer-
sellement, que l'auteur de nos tapisseries ne pouvait
pas manquer de la reproduire. On la retrouve encore

S. Remi remettant un petit baril de vin à Clovis.
(D'après les tapisseries anciennes de Saint-Remi de Reims.)

indiquée de la même manière sur les tapisseries de la
cathédrale, qui représentent la *Bataille de Tolbiac* ; sur
un bas-relief gravé dans les *Mémoires de la Société*

des antiquaires de France, sur plusieurs anciens monuments ; mais on ignore son origine, discutée par Mabillon, Marlot, Sainte-Marthe, etc.

Au-dessous du sujet dont nous parlons, on voit deux quatrains dans l'arrangement desquels il y a confusion, et qu'il faudrait peut-être lire ainsi :

> Les Allemands mectent en fuite
> Clovis et les gens dont se réclame *(sic)*
> Aurélien, et en poursuite
> Die au roy pour éviter blasme :

> « Croit au Dieu auquel croit ta femme ».
> Ce qu'il faict ; puis à coups de taille
> Revint sur eux et les diffame
> Et soudain gagne la bataille.

Au bas de cette scène s'en présente une autre qui en fut la conséquence politique(p. 64). Dans un des appartements du palais de Clotilde, nous voyons la reine, Clovis et plusieurs seigneurs assemblés, écoutant les paroles de saint Remi qui prépare leur conversion. Cette scène est conforme à l'histoire qui nous apprend que, lorsqu'après la bataille de Tolbiac, Clovis se fut retiré auprès de Clotilde à Juviniacum (Juvigny du Soissonnais), celle-ci manda secrètement saint Remi, le priant d'instruire le roi dans les voies du salut ; car Remi était singulièrement versé dans la science de rhétorique, dit Grégoire de Tours. Les costumes des divers seigneurs sont fort riches et appartiennent au XVIe siècle. Clotilde porte, sur la coiffe qui lui couvre la tête, une petite couronne fort élégante, et Clovis est en quelque sorte le portrait de François premier. Cette scène est expliquée par le quatrain qui suit :

Saint Remi.

> Clotilde royne à sainct Remy envoye
> Déligemment pour le cœur esmouvoir
> Au roi Clovis afin qu'il se pourvoye
> De saincte foy que chacun doist avoir.

Dans le tableau qui suit, on voit, au milieu de l'église de Reims, Clovis plongé dans la cuve des catéchumènes (p. 69). Près de lui, sur un coussin, est la couronne, et autour du bassin on aperçoit Clotilde, saint Remi, Aurélien, etc. Au-dessus du roi paraît la colombe plus blanche que la neige qui, suivant les légendes, apporta dans son bec la sainte ampoule. Enfin ce tableau est couronné par l'apparition d'un ange, qui tient dans ses bras un écusson à trois fleurs-de-lys. Dans le fond de l'église, on distingue un tableau représentant *Jésus crucifié* et les *Saintes Femmes pleurant au pied de la croix.*

On lit au bas de cette scène :

> A sainct Remy Clovis réquert baptême
> Et se repent d'avoir sans luy vescu ;
> Dieu tout puissant luy transmet le sainct chresme
> Semblablement des fleurs de lys l'escu.

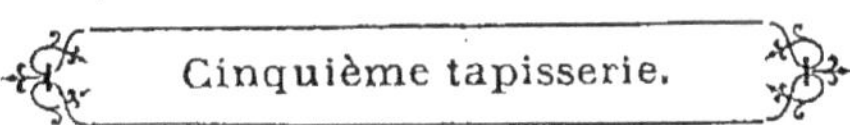

La tapisserie cinquième représente d'abord saint Remi remettant à Clovis un petit baril plein de vin (p. 160), en lui disant qu'il serait victorieux tant que le baril ne sera pas vide. Dans un coin, on aperçoit un ange qui vient révéler à saint Remi la connaissance de ce fait ; et, sur le premier plan, on voit le Saint tendant au roi le baril. A leurs pieds est une espèce de lion, et Clovis porte sur son couvre-chef une couronne enrichie de pierreries.

Voici le quatrain explicatif :

> A Clovis comme il fut notoire
> Ung baril de vin prépara
> Et luy dist : Tu auras victoire
> Autant que le vin durera.

A l'autre extrémité de la tapisserie, pour faire pendant à cette scène, on aperçoit un meunier refusant à saint Remi de lui laisser comprendre son moulin dans le bien de l'Église, ce qui, selon Hincmar, fut cause que le moulin s'écroula immédiatement.

La légende est celle-ci :

> Un moulnier de mauvaise affaire,
> Son moulin au sainct refusa
> Qui en voulait bonne œuvre faire,
> Et pour ce fondit et brisa.

Le reste de la tapisserie est occupé par l'*histoire de saint Génebaud*, que saint Remi condamna à rester emprisonné pendant sept ans pour ses péchés. Saint Génebaud se rend à la prison sur l'ordre de saint Remi. Aux pieds de ce dernier est une femme à genoux, lui demandant l'aumône. Sa pose est pleine de naturel.

On lit sous ce tableau la légende suivante :

> Par sainct Remi en prison fut inclus
> Sainct Génebaud sans faire résistance ;
> Durant sept ans dit qu'il serait reclus
> Pour son péché et ferait pénitence.

En effet, on aperçoit dans une tourelle saint Génebaud derrière une fenêtre garnie de barreaux de fer. Vers cette fenêtre descend un ange qui parle au saint. Celui-ci répond qu'il ne sortira qu'autant que saint Remi lui-même viendra ouvrir les portes de sa prison.

Remi vient alors en compagnie de l'ange pour le mettre
en liberté. Telle est la scène représentée immédiatement au-dessous de la première. Toutes deux sont dé-
crites et commentées par ces quatre vers :

> L'ange de Dieu en sa prison descend
> Et délivrance au dict sainct il apporte,
> Lequel respond que à cela ne consent
> Si sainct Remy ne luy ouvre la porte.

 Sixième tapisserie. 

La sixième tapisserie nous montre d'abord sur la
gauche, vers le haut, et entourée d'un gracieux enca-
drement, une chambre du moyen-âge et un homme
couché dans un lit orné de courtines, en présence de
plusieurs personnes. Parmi elles il faut remarquer saint
Remi, le gendre du malade, et au pied de la couche
une femme éplorée.

Ce sujet est ainsi expliqué :

> Ung bourgeois laisse aucun sien héritage
> Pour prier Dieu et la vierge Marie,
> Mais un sien gendre ayant mauvais courage
> Longtemps après aux lois il contrarie.

Pour faire face à cette scène, l'artiste a placé à la
droite du spectateur un élégant édifice ouvert et sou-
tenu par des colonnes, sorte de galerie imitée de quelque palais du XVIᵉ siècle. Là nous apercevons saint
Remi, le gendre du bourgeois et un groupe assez considérable d'assistants.

Au-dessous, nous lisons :

> De faulx témoings ce gendre sollicite ;
> Pour l'héritage, il fait tenir chapitre ;
> Devant l'évesque ung procès il suscite
> Et le débat qui le tient a faulx titre.

Dans la partie inférieure de la tapisserie, sous le premier sujet, se trouvent saint Remi et un autre prélat assis. A leurs pieds est un greffier. Devant eux, à genoux, se tient le gendre en question, vêtu d'un superbe manteau et semblant plaider. Derrière lui sont plusieurs personnages qui lèvent la main, probablement les faux témoins dont il vient d'être parlé.

Voici la légende explicative de cette scène :

> Ung bon prélat avecques sainct Remy
> Au jugement du procès il assiste,
> Mais avarice avait tant endormy
> Le poursuivant qu'en son mal il persiste.

Le quatrième et dernier sujet de ce tableau nous offre saint Remi ressuscitant le testateur (p. 101), afin qu'il puisse lui-même déclarer quelles avaient été ses intentions et convaincre son gendre. Saint Remi, vêtu de ses habits épiscopaux, la croix à la main, semble bénir le tombeau. Nous voyons alors le mort, enveloppé dans son linceul, se mettre sur son séant. Le gendre et deux femmes qui sont sur la droite, paraissent dans l'épouvante, et la foule qui suit saint Remi, regarde le miracle avec avidité.

Aux pieds de saint Remi on lit :

> Le procès veu et le tout composé,
> Sainct Remy dit au gendre sans doubter,
> Si de ce cas croiroit le trépassé
> Que devant tous Dieu fit ressusciter.

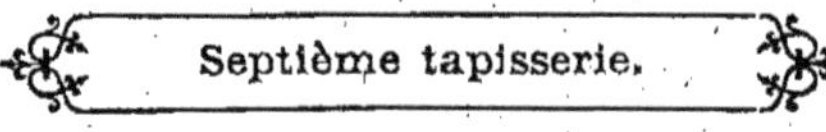

Dans la septième tapisserie, nous apercevons d'abord vers le haut, trois scènes faisant partie du même sujet. La première nous montre une campagne, au fond de laquelle se dressent plusieurs meules de blé. Sur un plan plus rapproché du spectateur, on voit quelques gerbes toutes faites, et enfin plusieurs hommes occupés à brûler ces gerbes. Plus loin nous voyons saint Remi descendu de cheval, regardant accourir à lui plusieurs cavaliers. Près de lui s'étendent les flammes qui dévorent les gerbes. Enfin on aperçoit dans la troisième scène plusieurs individus frappés de terreur, prosternés la face contre terre ou à genoux, implorant le ciel. Ces divers faits sont expliqués ainsi en deux quatrains.

Voici le premier :

> La charité qu'en sainct Remy domine
> Fait rassembler en plusieurs lieux les bledz
> Pour obvier à certaine famine
> Ordonne et veult être ainsi assemblez.

Le deuxième quatrain est ainsi conçu :

> Aulcuns gourmans saoulz et remplis de vin,
> Brûlent les bledz et font maux infinis ;
> Eux et les leurs par le vouloir divin
> Sont et seront par grévure punis.

Le bas de cette tapisserie présente, en deux scènes, un sujet différent. On y voit le concile tenu en France par ordre de Clovis (on ne dit pas positivement en quel temps ni en quel lieu), dans le but de confondre l'arianisme. Devant saint Remi et les autres membres du concile, un évêque arien discute : voilà le premier tableau.

Il est ainsi décrit :

> Ung sainct concile en France s'assembla
> Pour soustenir saincte foi catholique ;
> Ung hérétique arrian le troubla
> Voulant ouvrer d'œuvre diabolique.

Le second tableau montre cet évêque arien devenu muet tout à coup, se jetant aux pieds de saint Remi, qui, selon l'histoire, lui rendit la parole en *invoquant le nom de Jésus-Christ, vrai fils de Dieu;* ce qui engagea cet évêque à confesser trois personnes divines en une, et acheva d'éteindre l'arianisme en Gaule.

Au bas de ce fait on lit :

> Cet arrian contemple sainct Remy
> Puis soubdain perd de parler l'usage ;
> A deux genoux requert de Dieu l'amy
> Luy pardonner son méffaict et outrage.

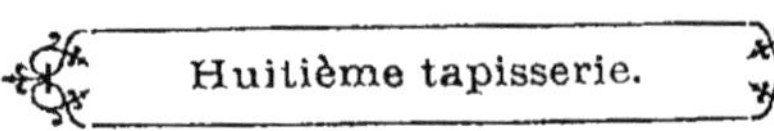

Dans la huitième tapisserie paraît saint Remi devant l'image de la Vierge, occupé à chanter matines (p. 124). Derrière lui, pour l'honorer, on remarque saint Pierre et saint Paul portant la clé et le glaive. Ils chantent chacun une leçon, et saint Remi continue. Dans un coin, nous apercevons saint Thierry, qui se cache et regarde cette scène. A côté, saint Remi à genoux demande à Dieu sa bénédiction, et un peu plus loin, nous le voyons supplier saint Thierry de ne pas raconter ce qu'il a vu. Deux quatrains décrivent ce miracle.

Le premier est ainsi conçu :

> Sainct Pierre et Pol d'admirable façon
> Viennent des cieulx soubz terrestres courtines,
> Et chacun dit une leçon
> Puis sainct Remy parachève matines.

Voici le deuxième quatrain :

> Voyant qu'ils sont remontez es lieulx saincts,
> Demande à Dieu la bénédiction,
> Sainct Thierry, homme dévocieulx,
> Se musse et cache en contemplation.

Au-dessus de ces quatre vers, on lit en haut de la tapisserie ces paroles que saint Remi adresse à saint Thierry, qu'on voit le chapeau en main, debout sur le seuil de sa porte :

> Puisque avés veu ce haut mistaire,
> Je vous supplie de le taire.

Le bas de la tapisserie représente en trois scènes *la vieillesse et la mort de saint Remi*. Dans le premier sujet (p. 113), nous voyons le saint prélat aveugle, faisant son testament en présence de saint Médard, de saint Génebaud, etc.

Au bas on lit :

> Saint Remy fait devant plusieurs prélats
> Son testament ; perdue avoit la veue.
> Par patience il recouvre soulas
> Et de santé sa personne est pourveue.

Le deuxième sujet nous le montre faisant communier ses clercs, et dans le dernier nous le voyons expirer.

La légende explicative est ainsi conçue :

> La messe il dict, puis à ses clercs il donne
> Le corps de Dieu par une humble demande.
> De cœur dévot à la mort il se donne
> Et son esprit au seul Dieu recommande.

Au-dessus de ce sujet, dans la partie supérieure de la tapisserie, quatre anges transportent aux cieux l'âme de saint Remi. Toute cette page est magnifiquement distribuée.

 Neuvième tapisserie. 

La neuvième tapisserie nous offre d'abord les *funérailles du saint patron de Reims*. Le clergé, en deux endroits différents, chargé du corps de saint Remi, le porte à l'église de Saint-Timothée, qu'on aperçoit dans le lointain, près de celle de Saint-Sixte et de Saint-Nicaise (p. 129).

Voici les deux quatrains qui expliquent cette scène :

> Tout le clergié par bon accord
> Conclut qu'avec l'ayde de Dieu
> Seroit enterré le sainct corps
> En l'église Sainct Timothieu.

Le deuxième quatrain est ainsi conçu :

> Le cercueil ne purent porter
> Audict lieu n'y en autre part ;
> Prient Dieu les reconforter
> Et que de là facent despart.

Au-dessous de ces deux scènes, le corps de saint Remi reçoit la sépulture dans une autre église que remplit le clergé, et au fond, au-dessus de l'autel, se trouve la statue de sainte Geneviève.

Ce tableau a donné lieu aux vers suivants :

> En une église anciennement faicte
> Est mys le corps en digne sépulture,
> La volonté de Dieu fut lors parfaicte,
> Car de la terre on fit large ouverture.

La dernière scène de cette tapisserie est relative à *la peste de Reims*. On aperçoit d'abord une tourelle, sur laquelle, au-dessous de trois fleurs de lis et d'un rameau, armes de la cité, est écrit : *La ville de Reims.* Dans le lointain sont des maisons, une église, etc., et l'on voit sortir de la ville, pour en faire le tour, le clergé, bannières déployées, suivi des bourgeois et des bourgeoises, le cierge en main. En tête apparaît une châsse, sur laquelle est étendu un drap richement travaillé, provenant du tombeau de saint Remi; deux prêtres portent la châsse placée sur un brancard.

Au-dessous de ce sujet on lit :

> La peste vint de Reims pourchasser
> Les corps humains, n'épargne laid ni beau.
> Les citoyens por icelle chasser
> Portent le drap prins dedans son tombeau.

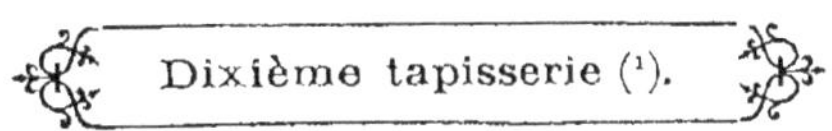

La dernière et dixième tapisserie de saint Remi offre, dans sa partie supérieure, deux sujets. Le premier est la translation de saint Remi, opérée par les anges. Nous sommes dans l'église où le corps du Saint a été déposé. La pierre sous laquelle était son tombeau, est levée, et à côté nous voyons quatre anges chargés du cercueil, se diriger vers le lieu où il doit être conduit. Au-dessous de cette scène on lit :

> Anges par divin bénéfice
> Et comme Dieu voulut permettre
> De translation font l'office
> Et mettent le corps où fault mettre.

---

1. C'est cette dixième tapisserie qui vient d'être restaurée magnifiquement par la fabrique des Gobelins, par les soins de M. Marcou, inspecteur général du mobilier des églises de France. Lui-même l'a rapportée restaurée : il était accompagné du Directeur des Gobelins, M. Guiffrey, qui estime la collection de Saint-Remi l'une des plus belles de France.

La restauration de cette tapisserie a coûté environ trois mille francs.

A côté de ce tableau, mais séparé de lui par un arbre, s'élève une église ayant au-dessus de la porte la statue du Saint. Une troupe de gens d'armes arrive. L'un d'eux veut enfoncer la porte à coups de pied. Son pied reste pris au bois.

Voici le quatrain qui décrit ce fait :

> Ung gendarme voulut abastre,
> La porte d'une sienne église
> Pour la piller après desbastre,
> Le pié tins contre sans faintise.

Au-dessous de ces deux sujets, il y a trois autres scènes.

La première nous représente saint Remi, suivi de plusieurs anges, dont l'un porte une croix. Le Saint tient à la main une espèce de discipline dont il frappe un personnage qui semble dormir, et au-dessous de la mitre duquel on lit ces mots : l'*évêque de Mayence*.

Le quatrain qui explique ce sujet est ainsi conçu :

> Sainct Remy bapt l'évêque de Mayence
> Car il n'avoit dict à son roy Conrat,
> Que ung vasal ne faisoit diligence
> Rendre son bien qu'il avoit prins en rapt.

Ce tableau a pour pendant un autre sujet, où nous voyons, d'une part, saint Remi, de l'autre, la Vierge tenant l'Enfant-JÉSUS dans ses bras ; puis saint Jean, et devant eux, à genoux, un personnage nommé Radunis. On lit en bas :

> Radunis vist et a cler peut connoistre
> La mère de Dieu, sainct Jean et sainct Remy,
> L'un à le destre et l'autre à la senestre,
> Dont fust joyeulx après qu'il eut dormy.

Enfin le dernier sujet de cette tapisserie nous montre le donateur des tentures de l'église de Saint-Remi, à genoux et la croix en main.

Au-dessus de lui on lit :

> L'an mil cinq cents, trente et ung ajoustez,
> Le révérend Robert de Lenoncourt,
> Pour décorer ce lieu de tous coustez,
> Me fist parfaire, encor le bruyt en court.
> Honorant Dieu et la céleste court
> Ceste démonstre de son salut amy.

Telles sont les dix tapisseries conservées dans l'église de Saint-Remi. Ces monuments méritaient bien d'être publiés ; car, outre l'intérêt qui s'attache à leur sujet, ils offrent par la perfection de leur travail, par l'habile agencement de leur composition, par l'habileté avec laquelle les dessins ont été tracés, un objet d'études variées.

Nos dix tentures sont aux armes réunies, et plusieurs fois sur chacune d'elles : 1º de Robert de Lenoncourt, qui portait de gueules à la croix engreslée d'argent ; 2º du chapitre de la cathédrale qui portait d'azur à la croix d'argent cantonnée de quatre fleurs de lis.

Tombeaux et Châsses de saint Remi.

LE corps précieux de saint Remi repose encore, après plus de treize siècles, à peu près à l'endroit où il fut déposé au mois de janvier 533. La petite chapelle de Saint-Christophe, qu'un prodige désigna pour la sépulture, a fait place, dès le VIIe siècle, à une vaste église, et au XIe les Bénédictins ont élevé la splendide basilique que l'on admire aujourd'hui.

Aussitôt après la mort de saint Remi, les fidèles couvrirent des marques de leur vénération et de leur confiance la sépulture qui gardait les restes de leur puissant Protecteur; et bientôt un mausolée, un *tombeau*, fut élevé pour abriter les précieuses reliques.

Le tombeau actuel est le quatrième que l'on connaisse, il a été construit en 1847 et bénit par Mgr Gousset, plus tard Cardinal. Les plans dressés par M. Brunette furent exécutés par d'habiles sculpteurs comme MM. Combette et Wendling.

Le tombeau a la forme d'un rectangle allongé arrondi à l'une des extrémités; la base est coupée dans chaque face latérale par les piédestaux des sept colonnes de marbre qui supportent l'entablement. Entre chaque colonne est creusée une niche élégante dont la voûte est cannelée en coquille; elle reçoit la statue de l'un des anciens pairs.

Les chapiteaux des colonnes, tous variés, représentent les plus beaux types de la Renaissance; le comble en pierre figure une toiture couverte d'écailles et se termine par une crête formée de gracieuses arabesques; du sommet de l'angle s'élance un campanile découpé à jour.

Ce qui fait la principale richesse du monument et

attire surtout l'attention, ce sont les statues qui en garnissent les faces et l'extrémité ; elles ont été sauvées de l'ancien tombeau construit en 1537 par Robert de Lenoncourt.

Douze de ces statues, de grandeur naturelle (1ᵐ60) représentent les anciens Pairs, ecclésiastiques et laïcs, qui avaient le privilège de porter dans les sacres les insignes royaux.

Du côté droit (sud) le premier, en partant de l'abside, est l'archevêque de Reims, consécrateur, la croix est entre ses mains ; le second est l'évêque-duc de Laon, il porte la sainte ampoule ; le troisième, l'évêque de Langres, tient le sceptre ; le quatrième, l'évêque-comte de Beauvais, porte le manteau royal ; le cinquième, l'évêque-comte de Châlons, offre l'anneau ; le sixième, l'évêque-comte de Noyon, porte le baudrier.

Du côté gauche (nord), partant également de l'abside, le premier pair, le duc de Bourgogne, présente la couronne royale ; le second, le duc de Normandie, tient l'étendard ; le troisième, le duc d'Aquitaine, porte l'oriflamme ; le quatrième, le comte de Toulouse, les éperons ; le cinquième, le comte de Flandre, garde l'épée du roi ; le sixième, le comte de Champagne, tient la bannière royale.

L'extrémité cintrée offre aussi un groupe remarquable, conservé également de l'ancien tombeau. Saint Remi catéchise Clovis agenouillé devant lui ; saint Thierry tient entre ses mains l'Évangile et la croix.

Toujours on a admiré ces statues « dont la taille au naturel, dit D. Marlot, ravit les yeux des spectateurs, ne cédant en rien aux rares pièces de Phidias tant vantées de l'antiquité. » — « Les têtes, dit M. Sutaine, modelées avec un fini merveilleux, sont, pour nous servir d'une expression consacrée, parlantes. Celles surtout de l'archevêque de Reims, des évêques de Laon et de Noyon, et du comte de Champagne ne laissent rien à désirer. »

Les statues sont en pierre polie provenant, croit-on, des carrières de Marfaux, près de Reims.

Chose étrange, l'auteur de ces chefs-d'œuvre est inconnu. Les Bénédictins qui ont écrit l'histoire de leur monastère n'en font pas mention. Une tradition, qui ne remonte guère au delà de ce siècle, les attribue à Pierre Jacques, le célèbre sculpteur rémois ; mais la date de sa mort, 1596, ne permet guère de le regarder comme l'auteur de pareilles œuvres commencées en 1533 ([1]).

A la façade antérieure du monument, deux colonnes jumelles portent l'entablement, au-dessus duquel deux anges tiennent un écusson aux armes de Mgr Gousset. La porte en bois sculpté à jour laisse voir la châsse renfermée dans le tombeau.

Au-dessous, une inscription gravée sur un marbre noir, rappelle les tombeaux qui ont successivement abrité les reliques de saint Remi, elle est conçue en ces termes :

BEATI REMIGII SEPULCRUM
A SONNATIO EPISC : ANNO DCXXXIII
HOC IN EODEM LOCO PRIMITUS ELATUM
AB HINCMARO ARCHIEP : ANNO DCCCLII
ROB. CARD. DE LENONCOURT ABB. ANNO MDXXXVII
RR. LUDINARD DE VAUXELLES PIO VIRO ANNO MDCCCIII
TER RENOVATUM
CIVITAS REMENSIS ANNO MDCCCXLVII
THOMA GOUSSET METROP : SEDEM TENENTE
FUNDITUS REÆDIFICAVIT.

---

[1]. On peut consulter à ce sujet le savant travail de M. H. Jadart : *Les Jacques, sculpteurs rémois des seizième, dix-septième et dix-huitième siècles ; notice et documents sur leur famille, leur vie et leurs travaux.* — Paris, H. Plon, 1890.

HIC B. REMIGII QUIDQUID HUMANITUS SUPEREST
PIE COLIMUS
UT PRECIBUS EJUS FRETI FIDE SPE ET CHARITATE
REFOVEAMUR.

En voici la traduction :

Le tombeau de saint Remi, élevé primitivement en ce lieu par l'évêque Sonnace, en 633, trois fois renouvelé : par l'archevêque Hincmar, en 852 ; par le cardinal Robert de Lenoncourt, abbé du monastère en 1537 ; par un pieux rémois, M. Ludinard de Vauxelles en 1803, a été reconstruit de fond en comble par la ville de Reims en 1847, Mgr Thomas Gousset occupant le siège métropolitain.

Ici nous vénérons pieusement les restes mortels de saint Remi, demandant qu'avec le secours de ses prières, se raniment en nous la foi, l'espérance et la charité.

Une belle grille en fer forgé entoure et protège le tombeau.

Sous la splendide abside ogivale de l'église, le monument, du style de la Renaissance, s'accorde parfaitement avec la riche clôture du même genre construite au XVIIᵉ siècle pour fermer le chœur.

Des *tombeaux* rappelés par l'inscription, celui de Sonnace n'est connu par aucun dessin ; celui d'Hincmar était reproduit dans les tapisseries représentant la vie de saint Remi que Jean Canart avait données à

TOMBEAU DE SAINT REMI, d'après une photographie de T. Malhomme.

l'abbaye en 1419 et qui ont péri ; l'édicule élevé par M. Ludinard de Vauxelles après les profanations de la Révolution, se ressentait du mauvais goût de l'époque ; c'était une rotonde formée de huit colonnes entre lesquelles on avait placé les statues des Pairs de France.

Le tombeau construit par Robert de Lenoncourt a fait, pendant deux siècles et demi, l'admiration de tous et mérite d'être décrit ; ce que nous en savons ne peut que faire regretter amèrement le vandalisme de 1793 qui, en un jour, anéantit les richesses que nos pères avaient accumulées autour des reliques du Patron de la cité et de la France.

Robert de Lenoncourt, qui monta sur le siège épiscopal de Châlons et reçut la pourpre cardinalice, était devenu, en 1525, abbé de Saint-Remi par la résignation en sa faveur de son oncle, Robert de Lenoncourt, archevêque de Reims.

Le nouvel abbé voulut donner aux reliques de l'Apôtre de la France un tombeau vraiment splendide. C'était l'époque où le style ogival à son déclin faisait place à celui de la Renaissance. Un plan fut dressé, les marbres de diverses couleurs, l'or, l'argent devaient mêler leurs richesses ; l'œuvre commencée en 1533 se poursuivit pendant quatre années et sortit en 1537 des mains des ouvriers, des sculpteurs, des orfèvres, toute brillante de beauté.

Le monument formait un rectangle de 5^m52 de longueur, sur 2^m55 de largeur ; la hauteur était de 8^m11. Il se composait de deux étages, le premier d'ordre corinthien, le second d'ordre dorique.

Sur trois degrés étaient posés les soubassements de pierre blanche, servant d'appui à 17 colonnes de jaspe rouge et blanc : six colonnes se trouvaient sur chaque face latérale ; les autres étaient aux deux extrémités. Les chapiteaux en marbre blanc étaient finement ciselés ; au-dessus régnaient un entablement et une corniche également de marbre blanc mêlé de jaspe.

Les colonnes, placées en avant-corps, encadraient des niches dont la partie supérieure était sculptée en forme de coquilles.

Dans ces niches se dressaient les statues des douze Pairs de France ecclésiastiques et laïcs. Elles n'étaient pas placées dans le même ordre qu'elles le sont au tombeau actuel. A droite, près de la porte, se trouvaient l'archevêque, duc de Reims, consécrateur, puis les évêques de Laon, de Langres, de Beauvais et de Châlons ; du côté gauche, les ducs de Bourgogne, d'Aquitaine et de Normandie, les, comtes de Champagne et de Flandre. En retour, sur la façade extrême, le sixième pair ecclésiastique, l'évêque de Noyon, et le sixième pair laïc, le comte de Toulouse.

Le second étage était moins long que le premier d'environ un sixième ; la façade, située à l'extrémité, contenait une niche plus grande que les autres ; là, se trouvait le beau groupe de saint Remi instruisant Clovis ; au-dessus, une corniche portait les armes de Robert de Lenoncourt.

Les faces latérales étaient ornées chacune de 24 tablettes d'argent, représentant en demi-relief la vie de saint Remi ; elles avaient été conservées du tombeau précédent.

Au centre du toit, sur un soubassement arrondi, de petites colonnes de marbre et de jaspe soutenaient un dôme à lanterne surmonté par une fleur de lys.

La façade antérieure du tombeau frappait par sa richesse inouïe.

Deux portes, correspondant à chaque étage, étaient couvertes de lames d'or : et des roses formées par des pierres précieuses, des rubis, des saphirs, des diamants, des émeraudes les recouvraient.

La porte inférieure était encadrée par deux colonnes de porphyre : outre les feuilles d'or qui la couvraient, de grosses perles orientales et des agathes représentaient des lions, des éléphants, des aigles, des tourterelles.

Au milieu de toutes ces richesses, on avait conservé deux souvenirs précieux du tombeau élevé par Hincmar : c'était, d'abord, une croix d'or émaillée autour de laquelle étaient fixées un grand nombre de médailles d'or antiques à l'effigie d'empereurs, d'impératrices, de rois et de reines de France.

Au-dessus se trouvait une petite porte qui, en s'ouvrant, laissait voir la châsse ; cette porte était toute couverte de pierres très précieuses ; au centre brillait un morceau de cristal de roche, ciselé avec un art merveilleux ; on y avait gravé le baptême de JÉSUS-CHRIST par saint Jean. Pour voir cet objet d'art, il fallait mettre une bougie allumée dans l'intérieur du tombeau, la lumière donnait au cristal la transparence nécessaire pour qu'on en pût admirer les détails. Autour de la porte, sur une bordure d'émail violet, étaient gravés les vers suivants :

> *Hoc tibi, Remigi, fabricavit magne, sepulchrum*
> *Hincmarus præsul, ductus amore tuo.*
> *Ut requiem Dominus tribuat mihi, sancte, precatu*
> *Et dignis meritis, mi venerande, tuis* (1).

Au-dessus de la porte supérieure, un bas-relief représentait le baptême de Clovis, et dans le fronton étaient sculptées les armes de François Ier, soutenues par deux salamandres.

---

1. Illustre Remi, l'archevêque Hincmar, inspiré par l'amour qu'il vous porte, vous a élevé ce tombeau. En considération de vos prières et de vos mérites, ô grand Saint que je vénère, daigne le Seigneur m'accorder le repos.

Ce splendide monument n'a pas trouvé grâce devant
les vandales de 1793 ; seules les statues ont échappé à
leurs coups. Du moins, en dépit de leurs profanations,
le plus précieux trésor nous reste, le corps glorieux de
l'Apôtre des Francs.

Les Rémois, qui ont abrité le corps de saint Remi
sous de magnifiques tombeaux, ne pouvaient manquer
de renfermer ses reliques dans des châsses dignes d'un
pareil trésor (¹).

Sans parler des cercueils primitifs qui continrent le
corps du saint évêque, la première châsse connue est
celle que fit construire Hincmar en 852. La forme en
était très simple, le bois qui la composait était recou-
vert de lames d'argent et de pierreries ; douze statues
d'archevêques en ornaient les parois.

Cette châsse, successivement décorée par la piété des
fidèles, subsista jusqu'au milieu du XVIIᵉ siècle ; alors
elle se trouvait bien démodée et brisée en plusieurs
endroits.

Le grand prieur de l'abbaye, Dom Oudard Bourgeois,
voulut la remplacer par une autre beaucoup plus riche.
En homme prudent, il mûrit son projet, prépara les
ressources nécessaires et, en 1643, il se trouva prêt à
réaliser son dessein. Quelle forme allait-il donner au
nouveau reliquaire ? Il avait sous les yeux le splendide
tombeau élevé par Robert de Lenoncourt, il ne crut
pas pouvoir trouver un modèle plus parfait.

Dom Oudard Bourgeois s'adressa à un orfèvre
rémois, Antoine Lespicier, dont il avait déjà pu appré-
cier le talent ; le traité fut conclu : l'or, l'argent, les

---

1. Pour la description des châsses de saint Remi, nous nous sommes
servi notamment d'un travail fort intéressant intitulé : *L'ancienne châsse de
saint Remi, œuvre d'Antoine Lespicier, orfèvre rémois, 1643-1793*, par
MM. Ch. Givelet, H. Jadart, L. Demaison.

pierreries de la châsse d'Hincmar devaient être utilisés. En 1649, l'œuvre était terminée ; la dépense s'élevait à 14/143 livres. De son travail, Antoine Lespicier recueillit plus de gloire que de profit.

Dom Chastelain décrit ainsi le splendide reliquaire :

« Cette châsse est toute d'argent, faite dans le même goût que le mausolée, excepté que les colonnes qui séparent les figures des douze Pairs de France sont torses et ornées de feuillages délicatement travaillés. Elle est longue de sept pieds deux pouces ; haute de près de cinq pieds, y compris une grande couronne d'argent qui se met dessus quand on la tire dehors ; elle est large de deux pieds et demi ([1]). Au lieu de par devant, c'est un tableau d'argent chargé de pierres précieuses, lequel représente saint Remi baptisant le roi Clovis ; on y a employé 246 marcs d'argent. On y voyait attachés de presque tous les côtés quantité de joyaux qui sont des preuves assurées de la libéralité de plusieurs personnes de Reims, tant ecclésiastiques que séculiers. »

La translation du corps de saint Remi dans la nouvelle châsse se fit au mois d'août 1650.

Le reliquaire d'Oudard Bourgeois eut à peine un siècle et demi d'existence. Des jours mauvais vinrent pour la France ; le 23 octobre 1793, un membre du district dépouilla la châsse de saint Remi des plaques d'argent, de l'or, des pierreries ; et la foule en délire la brisa et profana les restes de l'Apôtre des Francs.

Ce n'est pas ici le lieu de raconter comment ces précieux ossements furent jetés dans une fosse du nouveau cimetière, exhumés vingt-et-un mois après et

---

1. D'après les mesures actuelles ; longueur, 2m 28 ; hauteur, 1m 68 ; largeur 0m 82.

renfermés provisoirement dans une modeste châsse de bois doré.

Dès que le calme reparut, M. Ludinart de Vauxelles, tandis qu'il réédifiait le tombeau dans l'église de Saint-Remi, songeait aussi à refaire une châsse plus digne pour recueillir les reliques.

C'est la châsse actuelle. Elle a été fondue et décorée de 1806 à 1810 par François-Louis Braquehaye, fondeur, doreur et argenteur à Reims, moyennant le prix de 1800 francs. Bien qu'elle eût été transportée à Saint-Remi dès le 19 octobre 1810, elle ne reçut les reliques que le 17 décembre 1824, par la translation que fit Mgr de Latil, archevêque de Reims.

La châsse est en cuivre argenté ; à l'entour on a placé, non plus les Pairs de France, mais les douze Apôtres; ni la forme, ni la matière n'ont rien de recommandable, et déjà, après quatre-vingts ans seulement, les ornements se détachent.

L'année 1896, avec le glorieux centenaire qu'elle ramène, semblait offrir l'occasion la plus favorable de donner un reliquaire plus digne à l'Apôtre de la France.

Au mois d'avril 1895, M. l'abbé Baye, le zélé curé de Saint-Remi, faisait appel à la générosité des fidèles, et bientôt il commençait la réalisation de son projet. Encore une fois c'est un rémois qui aura la gloire d'exécuter le reliquaire de Saint-Remi. L'œuvre a été confiée à M. Ch. Wery-Mennesson, ciseleur et graveur, dont le talent et la compétence sont irrécusables pour un travail de ce genre.

La nouvelle châsse, sans égaler la splendeur de celle de dom Oudard Bourgeois, la fera cependant revivre sous nos yeux ; elle en reproduira le style, les colonnes, les niches abritant les Apôtres à la place de celles des Pairs, le double étage, les galeries ajourées ; des émaux retraceront les principaux faits de la vie de saint Remi : la bataille de Tolbiac, le baptême de Clovis.

Telle est l'œuvre qui s'élabore; elle sera digne de la piété des Rémois et des pèlerins de la France entière, digne du grand Saint, l'une des plus pures gloires de notre patrie et son puissant protecteur.

TABLE DES MATIÈRES.

CHAPITRE HUITIÈME.

CHAPITRE NEUVIÈME.

APPENDICE Ier.

APPENDICE IIme.

Imprimé par Desclée, De Brouwer et Cie.

496-1896.

XIVᵉ CENTENAIRE

du BAPTÊME de CLOVIS et de la FRANCE

PAR SAINT REMI.

9 782019 998486